성숙한 크리스천을 위한

올바른
교회 용어

성숙한 크리스천을 위한

올바른 교회 용어

ⓒ 이상윤, 2019

초판 1쇄 **인쇄일** 2019년 5월 27일
초판 1쇄 **발행일** 2019년 6월 03일

지은이 이상윤
펴낸이 김지영   **펴낸곳** 지브레인^{Gbrain}
편집 김현주
마케팅 조명구   **제작·관리** 김동영

출판등록 2001년 7월 3일 제2005-000022호
주소 04021 서울시 마포구 월드컵로7길 88 2층
전화 (02)2648-7224   **팩스** (02)2654-7696

ISBN 978-89-5979-612-0 (03230)

성숙한 크리스천을 위한

올바른
교회 용어

이상윤 지음

HOLY BIBLE

지브레인
153

한글의 아름다움과 우수성에 대해서는 부가적인 설명이 필요 없다. 어떤 작가는 한국 문학이 노벨문학상을 못 받는 것이 아니라, 안 받고 있다고 말한다. 그 이유는 다른 나라의 언어에 비해 한글은 부사와 형용사가 현저하게 발달해 있어 영어로 번역하는 데 한계가 있기 때문이다. 김소월의 《진달래꽃》에 나오는 '사뿐히 즈려밟고 가시옵소서'라는 구절을 영어로 번역한다고 생각해 보자. 아무리 실력 좋은 번역가가 번역한다고 해도 영어로는 사랑하는 이가 자신을 버리고 떠나는 아픔과 한의 정서를 충분히 전달하지 못할 가능성이 크다. 그보다는 아주 우스운 영어가 되기 십상이다.

한글의 우수성은 이상한 분야에서도 나타난다. 우리나라에는 매해 정기적으로 열리는 것은 아니지만, '욕쟁이 대회'가 있다. 심사의 기준은 똑같은 욕을 반복하지 않고 끊김 없이 계속하는 것이다.

　참가자들은 보통 한 시간 넘게 쉬지 않고 욕을 퍼붙는데 이게 가능한 이유는 한글의 우수성 때문이다. 다른 언어와 비교가 안 될 정도의 많은 형용사와 부사를 명사의 앞뒤에 자유롭게 섞을 수 있고, 한자를 섞어 언어의 조합과 유희, 새로운 언어의 탄생이 순식간에 일어날 수 있기 때문이다. 이웃 나라 중국은, 한자의 수가 너무 많아 자국민마저도 한자를 다 아는 사람이 거의 없다고 하는데 한글은 40개의 자음(쌍자음 포함 21개)과 모음(이중모음 포함 19개)만으로도 이 모든 것이 가능하다. 이러다 보니 생긴 말이 우리말은 '아'와 '어'가 다르다는 말일 것이다. 그리고 실제로 그렇다.

　교회 용어 또한 조사 하나가 붙느냐 마느냐에 따라 의미가 완전히 달라지기도 하고, 단어의 유래와 의미를 알고 나면

절대 쓸 수 없는 말들도 있다. 그동안 한국 기독교는 기복신앙과 샤머니즘적인 것뿐만 아니라, 비기독교적인 요소를 기독교 신앙에서 걷어내는 노력을 부단히 해 왔다.

여의도의 작은 공간에서 자판을 두드리며 1년 6개월여 동안 국민일보에 〈교회 용어〉를 매주 칼럼으로 연재하게 된 이유도 그런 한국 교회의 노력에 미약한 힘을 보태기 위함이었다. 그리고 하나님의 은혜로 이것을 모아 《성숙한 크리스천을 위한 올바른 교회 용어》를 출간하게 되었다.

이상윤

항상 힘이 되어주는 사랑하는 아내와

하은, 하임, 하람에게

고마운 마음을 전하며……

contents

1

헌금과 연보 어떻게 다른가?

교회 내에서 헌금이라는 말과 연보라는 말을 혼용해서 사용하는 경우가 많이 있다. 보통 대다수의 교회는 헌금하는 통을 '헌금함'이라고 부르고 있지만 '연보함'이라고 부르는 교회도 적지 않다. 그러나 헌금과 연보는 어원과 단어의 쓰임에 많은 차이가 있다.

헌금獻金, offering은 성경에서 주로 '고르반קָרְבָּן, qorban'과 '도라 δῶρα, dora'라는 두 개의 단어가 사용되고 있다. '고르반'은 '하나님께 드림'레 1:3; 민 31:50; 마 5:23, 24; 막 7:11, '예물'레 1:2, 2:1, '헌물'민 7:10이라는 뜻이며 '도라'는 '예물'마 2;11, 5:23, 24, 8:4, 23:18, 19; 히 5:1, 8:3, 4, 9:9, 11:4; 계 11:10, 혹은 '헌금'눅 21:1, 4이라는 말로 우리

헌금은 하나님께 드리는 예물을 의미한다.

말 성경에 번역되어 있다. 어떤 본문에서 사용되든 이 두 단어 모두 '하나님께 드리는 예물'을 의미하고 있다. 이것은 '고르반' 즉 하나님께 드림이 되었다고 하고 바리새인들과 유대인들이 그들의 부모를 공경하지 않는 것을 책망하는 예수 그리스도의 말씀에도 잘 드러난다막 7:11.

이에 반해, '내어 놓아 남을 돕는다'는 뜻을 가진 연보捐補의 한자적 의미처럼 연보는 하나님께 드리는 예물보다는 '로기아λογία, collection—모금', '하플로테스άπλότης, generosity—관대', '유로기아εὐλογία, blessing—축복'와 같은 의미로 사용되고 있다.

성도를 위한 연보고전 16:1나 예루살렘 교회를 위한 고린도

교회의 연보고후 9:5라는 말에서 볼 수 있듯이 바울은 연보를 하나님께 드리는 예물보다는 성도를 돕는 일과 교회들 간의 물질적 도움을 주는 코이노니아$^{\kappa o \iota \nu \omega \nu \iota \alpha}$적인 의미를 강조하는 데 사용하고 있다. 그러므로 구제를 위한 것이 아니라면 '연보'라는 말보다 '헌금'이라는 말을 쓰는 것이 적절하다. 그러나 헌금이 기부금과 같이 단순히 돈을 내는 행위로 축소될 수 있기에 한국 기독교는 '봉헌'이라는 말을 쓰도록 권장하고 있다.

세례와 침례

구약에는 세례에 대한 기록이 없다. 하지만 세례를 유추해
볼 수 있는 의식과 단어는 존재한다.

유대인들은 시체나 부정한 것을 만졌을 때 물로 몸을 씻는
미크바mikvah라는 정결의식을 가졌다레 14:8~9, 15:5, 민 19:13. 성전
에 들어가기 전과 이방인들이 유대교로 개종할 때도 반드시
이 정결의식을 치러야 했다. 그래서 미크바를 세례의 기원이
라고 주장하는 학자들도 있다.

세례라는 말이 성경에서 처음 등장한 것은 요한이 요단 강
에서 세례를 베풀 때이다요 1:26~28.

기독교에서 행하고 있는 세례의 종류에는 몸 전체가 물속

예수님께서 세례자 요한에게 세례를 받고 있다.

으로 들어갔다 나오는 침수례浸水禮, immersion, 머리에 물을 부어
흘리내리도록 하는 관수례灌水禮, pouring, 머리에 물을 뿌리는 살
수례撒水禮, sprinkling가 있다. 기독교에서 가장 많이 사용되는 것
은 침수례의 약칭인 침례와 세례로 통칭해서 쓰는 살수례다.

　침례와 세례는 근본적으로는 같은 말로서 교단에 따라 다
르게 사용하고 있다. 예를 들면 세례 요한을 침례 요한이라
고 부르기도 하고, 성령세례를 성령침례라고 말하기도 하지
만 같은 의미이다.

　침례와 세례 중 어떤 것이 더욱 성경적인가에 대해선 교단

살수례.

관수례.

침수례.

과 교파 간에 논쟁이 있어왔
다. 그 핵심은 침례를 뜻하는
헬라어 '밥티조^{baptizo}가 '담그
다', '적시다'이기 때문에 몸
을 완전히 물에 담갔다가 올
라오는 침수례를 반드시 행
해야 한다는 것이다. 하지만 '모세에게 속하여 다 구름과 바
다에서 세례를 받고'고전 10:2에서처럼 '밥티조'라는 말이 '물
에 담그다'는 의미 외에 '씻는다'막 7:4, 눅 11:38란 뜻도 있어 꼭
침수례를 뜻하는 것만은 아니라는 주장도 있다.

침례와 세례 중 어느 것이 맞는가 하는 논쟁에서 간과해선 안 될 것이 있다. 세례는 어떻게 받느냐 하는 형식의 문제만은 아니라는 것이다.

초대 교회 성도들이 받았던 세례는 예수 그리스도를 영접하는 예식이었다. 오늘날 이뤄지는 세례도 그렇다. 이를 망각하고 형식에 치우쳐 살수례를 받은 성도에게 다시 침수례를 받게 한다면, 그리스도를 영접하는 신앙고백으로서의 세례의 의미를 약화시키는 것이 된다. 또한 기독교 역사에서 정죄해왔던 재세례의 위험에 빠지게 될 수 있다.

3

하나님은 '축복해 주시는 분'이 아니라
'복 주시는 분'

한국 교회는 기복신앙에 큰 영향을 받았다는 비판을 받을 만큼 축복祝福, 혹은 복福이라는 단어를 많이 사용하고 있다. 그리고 그중 가장 많이 쓰고 있는 교회 용어임에도 불구하고 대표적으로 잘못 쓰고 있는 말이 '하나님, 축복해 주세요'이다.

많은 성도들이 축복과 복을 같은 말로 생각하거나 축복이라는 말의 어감 때문에 축복을 복보다는 '더 크고 좋은 복'이라고 생각하는 경우가 종종 있다. 하지만 축복과 복은 사전적인 의미와 성경에서 쓰인 의미가 서로 다르다.

축복祝福은 복福이라는 말과 '빌다'는 뜻의 '축祝'이라는 말

하나님은 복을 내리시는 분이며 복을 비는 것은 인간의 일이므로 축복해
주시옵소서가 아니라 복을 주시옵소서가 맞다.

이 합쳐진 것으로서 '복을 빌다'는 의미이다. 그러므로 교회 내에서 흔히 쓰이는 '하나님, 축복해 주세요'라는 말은 '하나님, 복을 빌어주세요'라는 뜻이 된다.

하나님은 복을 주시는 분이시며 인간의 모든 생사화복이 하나님께로부터 나온다. 그럼에도 불구하고 '하나님, 축복해 주세요'라고 한다면 복의 근원이신 하나님께 우리를 위해 다른 존재에게 복을 빌어 달라고 부탁하는 것이 된다.

성경에는 '축복'이라는 말이 구약 82회, 신약 18회 정도 나온다. '복'이라는 말은 이보다 많은 400회 정도 나온다. 성경은 '그가(하나님) 오늘 너희에게 복을 내리시리라'출 32:29, '주는 내게 복을 주소서'시 109:28라고 말씀하고 있다. 하나님은 복을 주시는 분임을 분명히 하고 있는 것이다.

이에 반해 창 12:3절은 '너를 축복하는 자에게는 내가 복을 내리고 너를 저주하는 자에게는 내가 저주하리니…'라고 말씀하고 있다. 한국 교회에서는 축복과 복을 구별 없이 혼용해서 쓰고 있지만 성경은 하나님은 복을 내리시는 분이시며 복을 비는 말인 축복은 인간이 하는 일임을 분명히 하고 있는 것이다.

언어는 소통의 수단임과 동시에 개인과 단체의 사상과 정체성을 드러낸다. 교회에서 사용되는 언어는 교회와 사회를 연결하는 가교이며 동시에 기독교의 신앙과 진리를 전달하는 도구이어야 한다. 교회 공동체의 구성원인 성도들은 이런 역할을 하는 교회 용어를 바르게 사용할 의무를 가지고 있다. '하나님, 축복해 주세요', '하나님께서 여러분을 축복하시기 원합니다', '당신은 하나님의 축복을 받은 사람입니다'와 같은 말들은 하나님의 속성과 기독교 신앙을 제대로 드러내지 못한다. 우리말의 바른 사용이라는 측면에서도 '하나님, 축복해 주시옵소서'가 아닌 '하나님, 복을 주시옵소서', '하나님의 축복을 받은 사람'이 아니라 '하나님의 복을 받은 사람'이라는 말로 바르게 고쳐 써야 할 것이다.

주일 대예배는 주일예배로

많은 성도들과 교회들이 주일 11시에 드리는 예배를 '주일 대★예배'라고 부르고 있다. 경우에 따라서는 주일성수의 의미가 '주일 대예배'를 드리는 것에 국한될 때도 있다. 급한 일이나 생계의 문제로 오전 7시나 9시에 예배를 드려야 하는 성도들 가운데는 '주일 대예배'에 참석하지 않아 온전한 주일성수를 못하고 있다고 염려하는 분들도 있다. 하지만 예배에는 큰 예배와 작은 예배가 있을 수 없다.

예배에 해당하는 구약의 히브리어 '솨카흐'나 신약의 헬라어 '프로스쿠네오' 모두 경배worship의 의미를 가지고 있다. 경배worship는 고대 영어인 'weorthscipe'에서 온 말이다. '가

예배는 사람의 수나 모임의 크기로 등급이 나뉠 수 없으며 하나님의 은혜와 사랑에 감사하고 경배함으로써 최상의 가치를 드리는 것이다.

치, 존경'을 뜻하는 'weorth'와 '행동을 유발하다'는 의미인 'scipe'이 합쳐진 말이다. 이 두 단어가 합쳐져 '가치(존경)를 돌린다to ascribe worth unto'는 뜻의 경배worship가 되었고 하나님께 경배하는 예배는 받는 은혜와 사랑에 감사하며 최상의 가치를 드리는 것을 말한다.

'두세 사람이 내 이름으로 모인 곳에는 나도 그들 중에 있느니라'마 18:20는 성경의 말씀처럼 예배는 사람의 수나 모임의 크기에 의해 등급이 나뉠 수 없다. 소수의 사람만이 모였다고 해도 그리스도의 이름으로 모여 하나님을 경배한다면 그 자체가 예배이다.

그렇다면 누구나 다 알고 있는 이런 평범한 명제에도 불구하고 왜 '대예배'라는 말을 써 왔을까? 하는 물음을 우리 스스로에게 던져야 할 것이다.

우리는 교역자들 중에 가장 선임 전도사나 목사가 예배를 인도하고, 기도는 장로 이상, 설교는 담임목사가 하고 송영과 묵도로 시작해서 축도까지 모든 예배의 순서를 갖추었기 때문에 '대예배'라고 쓰고 있는 것은 아닐까?

예배는 형식과 청중에 따라 여러 가지로 나뉠 수 있다. 찬양에 중심을 둔 찬양예배, 예전에 강조점을 둔 결혼 · 장례예배, 나이에 따른 어린이 · 청년예배 등이 있다. 이 모든 예배는 크고 작음을 나눌 수 없는 하나님께 드리는 예배다.

같은 맥락에서 다른 예배들에 비해 순서가 한두 개 더 있

고 참석하는 성도의 수가 많다고 해서, 혹은 예배를 인도하는 사람들의 비중이 높다고 해서 예배를 대^{大}와 소^{小}로 구분할 수는 없다. 그러므로 '주일 대예배'라는 말보다는 '주일 11시 예배', 또는 주일예배가 오전과 저녁으로 나눠 있다면 '주일 낮예배'라고 하는 것이 바람직할 것이다.

5

성가대는 찬양대로

성가^{聖歌}는 거룩한 노래라는 의미로 세속적인 노래와 구분하기 위해 쓰여 왔다. 그리고 예배 중에 특별한 순서로 화음을 맞춰 찬양을 하는 합창단을 성가대^{聖歌隊}라고 부르고 있다. 하지만 성가와 성가대라는 말은 성경적인 의미와 한국 기독교 전통과는 거리가 멀다. 성경에는 찬송이라는 단어가 208번, 노래 176번, 찬양 83번, 찬미가 13번 등장하지만 '성가'라는 말은 한 번도 등장하지 않는다

초기 한국 기독교는 성가라는 말 대신 찬양이라는 말을 썼다. 1892년 선교사였던 존슨$^{G.\ H.\ Jones}$과 로드 오일러$^{L.\ C.\ Rothweiler}$는 그 당시 성도들에게 많이 불리던 찬양들을 모아

성가대와 찬양대 중 정확한 명칭은 무엇일까?

최초로 《찬미가》라는 찬양곡집을 출판했다. 이후 찬양곡을 모은 책들이 1893년 《찬양가》, 1895년 《찬셩시》라는 이름으로 출간되었다. 특별히 1893년 언더우드는 최초로 4성부의 악보를 수록해 《찬양가》를 출판했고 1905년 윤치호 선생은 10장에 '애국가'를 넣어 《찬미가》를 재편집해서 출간하기도 했다.

성가대 역시 초기 한국 교회에 사용되지 않았던 단어이다. 1913년 평양장대현교회는 한국 교회 최초로 찬양대를 구성했으며 이름을 성가대가 아닌 '찬양대'로 명명했다. 이후 1914년 새문안교회에 찬양대가 구성되었고 이름을 '찬미대'라고 불렀다.

그럼 언제부터 한국 기독교가 '성가', '성가대'라는 말을 쓰

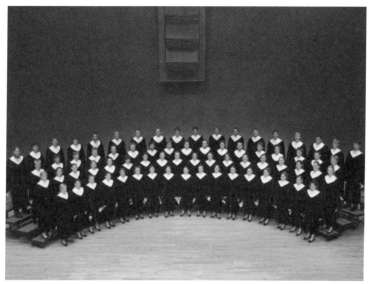

세속적인 노래와 구분해 하나님께 드리는 찬양을 의미하므로 성가대보다는 찬양대가 더 적합하다.

게 된 것일까? 많은 학자들은 일본의 영향이라고 생각하고 있다. 1960년대 한일국교 정상화가 본격화된 이후 어떤 경로에 의해서 누구에 의해라고 단정할 수는 없으나 세이카다이聖歌隊'라는 말이 그대로 한국 교회에 유입되어 '성가대'라는 말로 통용된 것으로 보고 있다.

세속적인 노래와 구분 짓기 위한 성가는 하나님께 드리는 찬양의 의미를 충분히 담을 수 없다. 찬양은 예수님의 성육신 사건과 십자가의 은혜, 부활과 재림의 구속사적인 사건, 하나님께 드리는 영광과 존귀를 한 곡에 담은 것이기 때문이다. 성가대는 여러 사람이 하모니를 맞춰 신앙의 고백과 하나님께 영광을 드리는 찬양대의 의미를 충분히 반영하지 못하는 말이다. 그러므로 일본의 영향을 받은 성가대라는 말보다는 한국 교회의 전통을 계승하고 성경적인 의미의 찬양을 그대로 포함하고 있는 찬양대라는 말로 고쳐 부르는 것이 필요하다.

6

✦ ❈ ✦

교회의 창립과 설립

교회가 개척이 되면 '창립創立 예배'라고 쓰는 교회가 있고 '설립設立 예배'라고 쓰는 교회도 있다. 각 교회마다 개척된 날을 기념하기 위해 '창립 몇 주년 기념 예배'라는 말과 '설립 몇 주년 예배'라는 말을 쓰고 있다. 교회의 홈페이지나 주보에도 교회의 역사를 설명하면서 몇 년도에 창립되었다든지 혹은 '창립'이라는 말 대신 '설립'이라는 말로 교회가 시작된 해를 알리고 있다.

그러나 개별적인 교회의 시작은 '창립'이라는 말보다는 '설립'이라는 말이 좀 더 정확한 표현이라고 할 수 있다.

창립의 사전적인 의미는 근원적인 시작을 뜻하며 어떤 기관이나 조직이 처음으로 세워지는 것을 의미한다. 성경에서는 에덴동산을 '여호와 하나님이 동방의 에덴에 동산을 창설創設하시고 그 지으신 사람을 거기 두시니라'창 2:8고 말씀하고 있다.

국립국어원 홈페이지에는 두 단어의 뜻의 차이를 자주 묻는 용어로 '창설'과 '창립'이라는 말을 소개하고 있다. 그리고 창립과 창설은 근본적으로 새롭게 만들어진 것을 뜻하는 같은 의미로 결론을 맺고 있다.

창립은 에덴동산과 같이 어떤 것이 근본적으로 처음 세워진 것을 의미한다. 그러나 '설립'은 창립과는 달리 근원적인 시작의 의미를 담고 있지는 않다.

교회는 예루살렘에서 이미 시작되었으므로 개척 교회는 창립이 아니라 설립으로 보아야 하며 따라서 설립 예배가 바른 표현일 것이다.

그럼 왜 교회가 개척되었을 때 '창립 예배'보다는 '설립 예배'가 옳다고 하는 것일까?

교회는 오순절 성령 강림과 함께 탄생했다.행 2장 교회의 역사가 시작된 것이다. 이후 많은 교회들이 개척되었다. 바울은 3차에 걸친 선교 여행과 마지막 로마로 압송되기까지 여러 지역을 다니며 교회를 세웠다. 하지만 교회의 시작을 창립의 의미로 쓴 적이 없다. 왜냐하면 교회는 예루살렘에서 이미 시작되었기 때문이었을 것이다.

교회는 헬라어로 '에클레시아'이다. 이 단어는 신약성경에 112회에 사용되고 있지만 교회의 건물과 같은 것에 적용된 것은 아니었다. 때로는 회중assembly을 의미하는 말로도 쓰였다행 19:32, 41.

몇 사람이 모여 새롭게 교회를 시작하기 위해 모였다면 건물이나 예배를 드릴 장소가 없다고 해도 교회이다. 이 교회는 보편적 교회universal church의 한 부분으로 설립된 것이다. 모든 교회가 기독교 신앙으로 한 몸을 이루고 뿌리를 같이 하고 있다면 근본적으로 처음 세워진다는 의미가 강한 창립이라는 말보다는 설립이라는 말을 쓰는 것이 바른 표현일 것이다.

7

예배 사회자는 예배 인도자로

    초대 교회에서는 성례전 자체가 예배였고 의식의 전부였다. 중세 시대에 이르러 예배 의식과 예식은 여러 형태의 미사와 예식으로 확대되어 최고조에 이르렀다. 모든 예배의 중심은 성찬이었고 말씀의 선포보다 성찬이 더 중요한 위치에 놓이게 되었다. 그러나 종교개혁을 거치면서 종교개혁자들에 의해 점차 설교를 중심으로 하는 예배가 발전하기 시작했다.

    카톨릭의 미사는 한 사람의 사제가 모든 순서를 이끌어가지만 예배는 많은 사람들의 섬김을 통해 드려지게 된다. 주일예배는 보통 사회자, 대표기도, 설교자, 찬양대의 찬양, 헌금위원 등의 섬김으로 이루어져 있다. 모든 분들의 헌신과 섬김이 없다면 원활한 예배가 이루어질 수 없다.

예배를 인도하는 사람의 명칭을 흔히 '사회자司會者'라는 말로 사용하고 있다. '사회司會'라는 말은 회의나 행사를 진행하는 의미를 가지고 있다. 당연히 사회자라는 말도 어떤 이벤트나 의식을 이끌어가는 사람이라는 의미이다. 교회에는 예배 외에 많은 예식과 행사가 있다. 어린이날의 행사도 있고 부활절, 성탄절, 추수감사절을 기념한 다양한 프로그램도 있다. 재직을 위한 임직식도 있고 결혼식과 같은 중요한 의식도 있다. 이런 교회의 행사와 순서가 원활하게 진행되기 위해서는 당연히 사회자가 필요하다.

교회에는 예배 외에도 많은 예식과 행사가 있다.

그러나 예배를 인도하는 사람을 사회자라고 부른다면, 예배의 의미는 약화된다. 모든 교회가 예배에 대한 열정을 가지고 있으며 예배의 거룩성과 중요성을 강조하고 있다. 하지만 예배를 인도하는 사람을 사회자라고 한다면 예배를 일반 회의나 행사로 취급하는 결과를 낳게 된다. 그러므로 교회에서 이루어지는 모든 행사들 가운데 특별히 예배만큼은 사회자라는 말보다는 '인도자' 혹은 '예배 인도자'라는 말을 쓰는 것이 바람직하다.

예배를 은혜롭게 이끌어가는 인도자의 역할은 회의를 주관하는 의미가 강한 사회자와는 구별된다. '인도引導'의 사전적 의미는 '알려 주며 이끄는 일'이다. 예배를 인도하는 사람은 교회에 처음 나온 분들과 예배가 아직 익숙하지 않은 사람들이 자연스럽게 예배에 녹아들 수 있도록 도와주는 역할을 해야 한다. 예배의 모든 순서를 거룩하고 은혜롭게 이끄는 인도자가 없다면 새신자들은 예배에서 소외될 수밖에 없다. 결과적으로 예배는 기존의 성도들을 위한 것이 되고 만다. 그러므로 예배 순서를 진행하는 사람은 사회자라는 말보다는 '인도자' 혹은 '예배 인도자'라는 말로 부르는 것이 바람직하다.

8

소천하셨다

교회에서 목회자나 성도님이 돌아가시면 흔히 소천^{召天}하셨다는 말을 쓴다. 부고를 알리는 주보와 신문 광고에도 어떤 분이 '하나님의 부름을 받아 소천하셨다'는 말을 사용하고 있다.

소천이라는 말은 '부를 소^召'와 '하늘 천^天'자로 구성되어 있다. 소천의 천^天자 때문에 기독교의 천국^{天國}을 연상하며 '하늘의 부름을 받았다'는 뜻으로 생각하기 쉽다. 그러나 소천은 기독교적인 용어도 아니고 심지어 표준 한글도 아니다. 소천이라는 단어는 우리말 사전과 한자 사전에는 없는 말이다. 인터넷 포털에서 사용자들이 자유롭게 단어의 뜻을 올릴

수 있는 오픈사전에만 '개신교에서 죽음을 이르는 말'로 등록되어 있을 뿐이다.

한글 학자들은 기독교에서 쓰고 있는 소천이라는 말의 사용과 기원을 비판하고 있다. 소천은 '승천^{昇天}'이라는 말을 기독교식으로 억지로 만든 용어라는 것이다.

'소천하셨다'는 말은 문법적으로도 오류가 있다. 만약 '하늘(하나님)이 부르셨다'는 뜻으로 쓰려면 '소천'이 아니라 '천소^{天召}'가 되어야 한다. 소천이라고 쓰려면 능동형이 아니라

수동형을 써야 한다. 이것은 소천과 비슷한 문법적인 구조를 가진 소명召命을 통해 쉽게 알 수 있다. 목회자로 부르심을 받았다는 말을 할 때 '소명을 받았다'는 수동형으로 쓰고 있으며 '소명했다'는 말은 쓰지 않는다. 만약 '소천'이라는 말을 꼭 써야 한다면 '소천하셨다'는 말이 아니라 '소천을 받았다' 라고 해야 한다.

  '소천하셨다'는 말 외에도 간혹 '타계他界하셨다'는 말을 쓰는 경우도 있다. 그러나 타계는 불교의 십계十界 가운데 인간계 이외의 세계를 말하는 것으로 불교 용어이다. 기독교 내에서는 '소천하셨다'는 말을 대신해 '별세別世하셨다'는 말을 사용하자는 주장도 있다. 그러나 '별세'는 이 세상과 이별했다는 의미 외에 다른 의미는 없기 때문에 '소천하셨다'는 말을 대신할 더 좋은 교회 용어로는 '돌아가셨다'는 표현이 적절하다.

9

❖━━━◆❁◆━━━❖

고인의 명복을 빕니다

우리나라는 오랜 세월 동안 사회 전반에서 걸쳐 불교와 유교의 영향을 받아왔다. 불교와 유교의 영향은 기독교 문화에까지 영향을 미쳤고 상당수의 불교나 유교의 용어가 교회 용어로 사용되고 있다. 대표적인 것 중 하나가 '고인의 명복冥福을 빕니다'라는 말이다. 우리는 이 말의 어원을 생각하지 않고 조문할 때 유족을 위로하는 말로 흔히 사용하고 있다. 장례예배를 인도하는 목사님도 '잠시 고인의 명복을 빌며 침묵으로 기도드리겠습니다'라고 하는 경우가 종종 있다. 그러나 이 말은 기독교적인 표현은 아니다.

'명복'이라는 말은 불교에서 온 말이다. 불교에서 죽은 사

람들이 가는 곳을 명부冥府라고 한다. 명부에는 사후세계를 다스리는 염라대왕이 살고 있고 죽은 사람들은 이곳에서 심판을 받게 된다. '고인의 명복을 빕니다'라는 말은 죽은 사람들이 이 명부에 가서 염라대왕으로부터 복된 심판을 받아 극락에 가게 되기를 기원한다는 말이다. 따라서 불교의 내세관에서 비롯된 말일뿐만 아니라 하나님이 아닌 불교의 신관을 그대로 담고 있는 말이라고 할 수 있다. 상을 당한 아내를 일컬을 때도 미망인未亡人이 되신 ○○○ 성도님, 집사님, 권사님을 위로해 달라는 말을 하기도 한다.

그러나 미망인이라는 말은 왕이나 귀족들이 사망했을 때 처자와 노비를 함께 매장하던 순장殉葬 제도에서 비롯된 말이다. 순장은 고대 인도와 메소포타미아를 비롯해 아시아권에서 행해졌었고, 우리나라에서는 신라의 22대 지증왕 3년(주후 502년)에 금지되었던 제도이다. 미망인은 순장 제도를 따라 남편이 죽었기 때문에 마땅히 죽어야 하지만 아직 죽지 않고 살아 있는 사람이라는 뜻이다. 그러므로 기독교 장례 문화와 용어로는 쓸 수 없는 말들이다.

'고인의 명복을 빕니다'라는 말 대신 쓸 수 있는 기독교적인 말은 '하나님의 위로가 함께하시기를 바랍니다' 혹은 '부활의 소망을 가지시기 바랍니다'가 어울릴 것이다. '미망인'이라는 말도 '고인의 아내/부인'이라는 말의 사용이 적합하다. 우리는 바른 기독교 용어의 사용으로 올바른 기독교 문화를 형성해 가야 할 것이다.

10

할렐루야와 알렐루야

교회에서 '아멘'이라는 말만큼 많이 사용되는 단어가 '할렐루야'이다. 할렐루야는 예배 때뿐만 아니라 성도들 간의 인사말로도 쓰이고 있다.

히브리어인 할렐루야는 두 단어가 합쳐진 합성어이다. '찬양하다'라는 뜻의 동사 '힐렐hillel'의 명령형인 '할렐루hallelu'와 하나님이란 말인 '야훼Yahweh'를 축약한 '야yah'를 합친 말이다. 그 뜻은 '야훼(하나님)를 찬양하라'이다.

할렐루야는 너무나 익숙하고 친숙한 말이지만 '알렐루야'가 할렐루야를 대신해서 쓰이는 경우가 종종 있다. 특히 부활절 칸타타로 쓰이는 찬양곡이나 복음성가 가사에 종종 알

1808년 하이든의 〈천지창조〉를 공연하는 모습을 그린 작품. 원본은 1945년 사라진 상태이며 모자를 쓰고 중앙 하단에 앉아 있는 사람이 하이든이다.

렐루야가 쓰인다. 같은 오라토리오이지만 헨델의 메시아 합창은 '할렐루야'로 쓰는데 반해, 하이든의 천지창조는 '알렐루야'로 쓰고 있다. 그뿐만 아니라 원어 성경을 보면, 구약성경은 할렐루야를 쓰고 있지만 신약성경은 알렐루야로 쓰고 있다. 할렐루야라는 말로 시작해서 마지막을 할렐루야로 끝내고 있는 시편 146편부터 150편을 흔히 '할렐루야 시편'이라고 한다. 이 다섯 편의 시편은 할렐루야라는 말이 23번이나 사용되고 있다. 알렐루야는 헬라어 신약성경에서 쓰고 있는데 요한계시록 19장에 4번 등장하고 있다계 19:1, 3, 4, 6.

할렐루야와 알렐루야의 문제는 매우 복잡하고 이해하기 힘든 것처럼 보이지만 의외로 간단한 문제이다. 히브리어인 할렐루야를 신약시대의 언어인 헬라어로 번역하고 이것을 다시 라틴어로 번역하면서 생긴 문제이다.

헬라어에는 히브리어인 할렐루야에 쓰인 강한 'ㅎ' 발음이 없다. 그래서 이것을 보충하기 위해 강하게 발음하라고 쉼표를 뒤집어 놓은 표시를 써서 알렐루이야$^{Αλληλούϊα,\ 'allelouia}$라고 번역했다. 하지만 라틴어는 헬라에서 사용하는 격음을 나타내는 부호가 없어서 그냥 '알렐루이아^{Alleluia}'라고 쓰게 되었다. 이런 번역의 과정을 거쳐서 할렐루야가 알렐루야가 된 것이다.

할렐루야와 알렐루야는 의미상 차이는 전혀 없는 '하나님을 찬양하라'는 뜻이다. 다만 라틴어의 전통을 따르고 있는 가톨릭은 알렐루야를 공식 용어로 받아들이고 있으며, 개신교는 원래 발음인 '힐렐루아'를 교회의 공식적인 용어로 쓰고 있다.

11

평신도는 성도로

1980년대 중반부터 한국 교회에 '평신도 훈련'이라는 제자 훈련 프로그램이 등장했다. 목회자 중심의 교회들이 이 프로그램을 통해 평신도에 대한 인식을 달리했고 체질을 변화시키기도 했다. 이 시기의 한국 교회의 부흥은 찬양과 경배, 대형 집회, 오순절 성령 운동, 평신도 제자 훈련에 의해 이끌어졌다고 할 수 있다.

평신도를 깨우기 위한 훈련 프로그램은 한국 교회에 많은 영향을 미쳤고 자연스럽게 평신도라는 말이 한국 기독교에 보편화되었다.

평신도라는 말은 알렉산드리아의 교부였던 클레멘트에 의

평신도라는 단어는 성경에는 한 번도 등장하지 않는다.

해 처음 사용된 것으로 전해지고 있다. 주후 95년 클레멘트
는 고린도 교회에게 편지를 쓰면서 목회자와 성도를 구별하
기 위한 단어로 헬라어인 라이코스^{λαϊκός}를 썼다. 라이코스^{λαϊκός}
는 '백성'을 뜻하는 헬라어 단어 라오스^{λαός}에서 파생된 것으
로 '일반 백성'이라는 뜻이다. 원래는 이방인과 하나님의 백
성을 구분하는 말로 쓰였던 이 단어는 시간이 지남에 따라
'평신도'라는 의미의 고유명사처럼 사용되었다.

　성직과 교권을 강화하기 원했던 중세시대의 로마 가톨릭은
평신도라는 말로 사제와 성도의 구분을 더욱 확고히 했으며
교리화하기 시작했다. 개신교에서는 1950년대 이후 네덜란

드 출신의 개혁주의 신학자였던 헨드릭 크래머가 '평신도 신학'을 주창하면서 '평신도' 개념이 확산되기 시작했다.

그러나 성경에는 평신도라는 단어가 한 번도 등장하지 않는다. 성경은 평신도라는 말 대신 '성도'라는 말을 61회 마 27:52; 행 9:41; 롬 12:13; 고전 6:2; 고후 8:4; 빌 4:22; 골 1:4; 몬 1:5; 계 14:12 등, '신도' 1회행 2:41, '신자' 1회행 10:45씩 쓰고 있다.

따라서 한국 교회에서는 평신도라는 말을 고유명사처럼 사용하고 있지만 성경적인 단어가 아니다. '목회자와 평신도'가 아니라 '목회자와 성도'라고 해야 한다. 장로, 권사, 집사와 같은 직분을 받지 못한 성도들을 일컫는 말로 평신도라는 말을 사용하기도 하지만 자제해야 한다. 평신도라는 말 대신 '믿음으로 의롭게 된 사람', '예수님 안에서 형제와 자매가 된 사람'이란 집합적인 의미인 성도라는 말을 사용해야 할 것이다.

12

열린 예배

1990년대 이후 한국 교회는 새로운 전환점을 맞게 되었다. 사회적으로는 정형화된 틀을 벗어나려는 신자유주의 변화를 겪기 시작했고 교회 내에서는 기독교 문화와 사회적 현상의 접목이 시작되었다. 전통과 관습에서 탈피하려는 노력이 심화되었고 교회의 예배와 형식을 바꾸려는 시도도 여러 방면에 걸쳐 일어났다. '열린 예배'라는 말도 이 시기에 사용되기 시작했다.

'열린 예배'라는 말은 미국의 새로운 교회 갱신 운동으로 확대되었던 '구도자 예배 The Seeker Service'에서 기인했다.

미국 일리노이 주의 윌로우크릭 교회 Willow Creek Church의 담임

열린 예배는 구도자 예배에서 기인했다.

목사였던 빌 하이벨스^{Bill Hybels}는 왜 사람들이 교회에 오지 않는지에 대한 설문 조사를 했다.

교회를 안 나오는 이유가 여러 가지였지만, 대략 예배가 지루하고 단조로우며 생명력이 없고 설교가 실생활과 동떨어져 있다는 것이다.

빌 하이벨스 목사는 이미 교회의 용어, 관습, 전통, 분위기 등에 익숙해 있는 기독교인들이 아니라 교회가 생소하고 낯선 비기독교에게 관심을 가졌다. 그는 아직 하나님을 알지 못하고 하나님과 영적인 교감을 갖지 않은 사람들을 구도자 ^{The Seeker}라고 불렀고 그들을 위한 예배를 시도했다. 또한 전

자음과 현대 악기에 어울리는 찬양과 형식과 의식을 탈피한 예배를 추구했다. 기독교의 교리를 신학적으로 풀어내려고 하는 설교가 아닌 매일 부닥치게 되는 실생활의 문제가 메시지의 중심이었다.

그는 화려한 수사어구와 익숙지 않은 교회 용어가 아니라 비기독교인들의 언어로 메시지를 선포했다. 예배 순서에는 찬양, 기도, 말씀 외에도 다양한 퍼포먼스들이 들어갔다.

이런 새로운 형태의 예배인 '구도자 예배'는 1992년에 처음 시작된 지 4년 만에 북미 대륙에서 약 700개의 교회가 도입했다.

'열린 예배'는 한국에 도입된 '구도자 예배'를 번역하면서 한국말에 익숙지 않은 '구도자'를 1990년대에 유행하던 '열린'이란 말로 의역하면서 생겨난 말이다.

'열린 예배'라는 말이 교회 용어로 적합한가에 대해 제기된 의문은 크게 다음과 같이 정리할 수 있다.

그것은 '열린 예배'라는 단어의 모호성이다. '열린 예배'라는 말이 '구도자 예배'라는 본래의 의미를 충분히 살리지 못하고 있다는 것과 어떤 예배를 '열린 예배'로 특화하려고 한다면 다른 예배들은 '닫힌 예배'가 될 수밖에 없다는 모순에 빠질 수 있다는 점이다. 이외에도 열린 예배에 대한 비판은 기독교적인 가사만 아니라면 유행가와 차이를 느낄 수 없는 찬양곡들과 눈과 감성을 자극하는 화려한 퍼포먼스를 보면서 예배가 하나님께 드려지는 것이 아니라 자기 흥에 겨워 '즐기는 것'이 된다는 비판이다.

이런 점들을 고려할 때, '열린 예배'는 대상이 젊은 층이라면 '청년 예배' 혹은 '찬양 예배'라고 하는 것이 바른 표현이며, 그 무엇보다 내용에 있어서 인본주의적인 예배로 흐르는 것을 막고 하나님 중심적인 예배가 되도록 해야만 한다.

13

'제단/성전'은 '예배실'로

한국 기독교의 보수적인 성향과 교회에 대한 사랑은 다른
나라에 비교할 수 없다. 성도들 중에는 교회를 자기 집보다
더 아끼고 돌보는 사람들이 많이 있다. 태풍과 같은 자연재
해가 발생하면 자기의 집, 논과 밭, 혹은 가축이나 재산보다
교회가 괜찮은지 먼저 달려가 살펴보고 항상 교회 중심의 삶
을 살아간다. 많은 성도들이 교회의 여러 부속 건물들 가운
데 예배를 드리는 장소를 더욱 청결하고 거룩하게 유지하기
위해 많은 노력을 하고 있다. 그리고 그곳의 거룩성을 강조
하기 위해 종종 구약적인 용어를 사용하기도 한다. 대표적인
말들은 제단과 성전이다. 그러나 제단과 성전은 예배를 드리

는 장소적인 의미의 예배당을 표현하기에는 부족하다. 이것
은 구약적인 용어의 사용이 문제가 아니라 그 단어가 충분한
의미를 전달하고 있는가 하는 문제이다.

'제단祭壇'은 제사에서 쓸 제물을 올려놓았던 단을 말한다.
그러나 신약시대에는 '제단'이라는 말을 쓰고 있지 않다. 왜
냐하면 예수님의 십자가의 죽으심과 부활은 '영원한 제사'로
더 이상 짐승을 제물로 삼아 제사를 드릴 때 쓰는 제단이 필
요 없기 때문이다. 히브리서 10장 11~12절은 '제사장마다
매일 서서 섬기며 자주 같은 제사를 드리되 이 제사는 언제
나 죄를 없게 하지 못하거니와 오직 그리스도는 죄를 위하여
한 영원한 제사를 드리시고 하나님 우편에 앉으사'라고 말씀
하고 있다. 이런 이유로 천주교, 정교회, 성공회, 루터교에서

는 제단을 '제대祭臺'라고 부르기도 하는데 성찬과 미사를 드릴 때 사용하는 긴 탁자를 의미한다.

제2차 바티칸 공의회The Second Vatican Council는 제단에 대해 고정적, 혹은 때에 따라 이동적인 제단이 될 수 있다고 규정하고 있다. 현대적인 의미의 제단은 예배를 드리는 장소가 아니라 성찬상Communion Table을 의미한다.

제단만큼이나 흔히 사용되고 있는 말은 '성전'이다. 구약시대에 '성전'은 제사를 지내는 장소였다. 구약시대에 제사를 지내던 곳인 '성전'을 신약시대에는 예배를 드리는 장소를 일컫는 말로 쓰는 것이 무슨 문제냐고 할 수 있다. 하지만 신약시대에는 '성전'이 장소의 의미가 아니다. 고린도전서 3장 16절은 '너희는 너희가 하나님의 성전인 것과 하나님의 성령이 너희 안에 계시는 것을 알지 못하느냐'라고 말씀하고 있다. 즉 성전이라는 말은 구약의 의미와는 달리 예배를 드리는 장소의 의미가 아니라 하나님의 임재가 머무는 성령의 전인 '성도의 몸'을 가리키고 있다는 것을 기억해야 한다. 그러므로 예배를 드리는 장소를 '제단' 또는 '성전'이라고 부르는 것보다 '예배당' 혹은 '예배실'이라고 하는 것이 적절한 표현이다.

14

추도예배

　기독교는 각 나라의 전통, 문화, 관습, 토착 종교 등과 충돌하기도 하고 융화되기도 했다. 이런 과정을 토착화 과정이라고 한다. 기독교는 토착화 과정을 통해 비기독교 문화권이었던 사람들이 거부감 없이 복음을 받아들이기도 하지만 기독교의 기본 진리가 훼손되기도 한다. 양날의 검과 같은 토착화의 영향은 한국 기독교도 예외가 될 수 없다.

　기독교가 한국에 처음 들어왔을 때 가장 힘들었던 것은 다른 종교와의 충돌이나 정치적인 문제가 아니라 효를 바탕으로 한 조상숭배 사상이었다.

　어떤 것도 만들지도 말고 절하지 말라는 십계명과 조상숭배 사상을 바탕으로 한 제사의 문제 충돌은 기독교에 대한 박해로 이어졌다. 수없이 많은 순교의 피를 흘렸던 참혹했던 박해가 끝난 이후에도 기독교는 토착화의 문제로 제사나 장례 문화와 끝나지 않은 갈등을 빚고 있다.

이것을 해결하기 위해 한국 기독교는 제사 대신 추도예배를 드리기도 하고 입관/하관 예배를 드리고 있다. 우리나라의 대통령을 지냈던 장로님이 돌아가신 후 49일째 되던 날에 국립서울현충원 현충관에서는 49재 추도예배가 열리기도 했다.

그러나 추도예배는 기독교의 토착화 과정에서 나온 어두운 단면이라고 할 수 있다. 흔히 '49재齋'라는 말을 쓸 때 제사祭祀 의미인 '49제祭'라는 말을 쓰지 않고, 49재라고 쓰는 데는 이유가 있다.

불교에서 제사는 죽은 사람의 넋이나 영적인 존재에게 음식을 바치는 행위이지만, 재齋는 공양을 드리는 종교의식이다. 이 의식을 49일째 되는 날 하는 이유는 죽은 사람이 다음 생을 받기까지 49일이 걸린다고 믿기 때문이다.

예배의 주체는 언제나 하나님이시다. 만약 예배의 대상이 하나님이 아니시라면 예배를 드릴 이유가 없다. 이런 관점에서 49재 추도예배나 돌아가신 성도님을 위해 1년마다 가정에서 드리는 추도예배는 하나님께 드리는 예배라고 할 수 없다.

추도예배 대신 쓸 수 있는 말로 추모예식追慕禮式이 있다.

추도追悼는 돌아가신 분을 사모하고 애도하는 것을 의미하지만 추모追慕는 돌아가신 분, 혹은 멀리 떠나간 사람을 그리워하는 것을 말한다. 추모예식, 또는 추모식追慕式은 돌아가신 분의 신앙을 돌아보는 시간을 갖겠다는 개식사와 함께 신앙고백, 찬송, 돌아가신 분이 하나님과 함께 있음을 선포하고 있는 성경 말씀을 읽고 믿음의 가정으로 하나된 것을 감사하며 돌아가신 분의 믿음을 이어받아 믿음의 가정을 이루어나가겠다고 다짐하는 폐식사로 추모예식을 마칠 수 있다.

예배의 주체는 하나님이시므로 추도예배 대신 추모예식을 쓰는 것이 바람직하다.

15

예찬과 성찬을 구분

성찬은 초대 교회부터 내려온 기독교의 유산이며 전통이다. 성찬에 참여하는 것은 예수 그리스도를 구세주로 고백하는 신앙고백이었으며 초대 교회 공동체의 일원임을 확인하는 것이었다.

예배의 형식은 시대와 상황에 따라 변화되어 왔다. 오늘날은 설교가 예배의 중심에 서 있지만 초대 교회의 예배는 설교가 아닌 성찬을 나누는 것이 예배의 중심이었다.

성경은 성찬의 중요성과 의미를 아주 확고하게 강조하고 있다. 성경은 그리스도의 몸과 피에 참여하는 성찬을 소홀히 여기거나 가볍게 여기면 자기의 죄를 먹고 마시는 것이라고

레오나르도 다 빈치의 최후의 만찬(성찬식).

명시하고 있다고전 11:29. 그리고 한국의 모든 교단이 성도들이
성찬의 떡과 잔을 무가치한 것으로 만드는 죄를 범하지 않게
하기 위해 반드시 안수 받은 목회자가 성찬을 인도하도록 규
정하고 있다.

　그러나 언제부터인가 성찬 외에도 성찬식과 뚜렷한 구분을
짓기 힘든 '애찬식愛餐式'이 중고등부와 청년부 수련회, 선교단
체 등에서는 행해지고 있다.

　'애찬'이라는 말은 유다서유 1:12에 등장하고 있는데 헬라어
로 '아가페(사랑)'에 어원을 둔 '아가파이스^{ἀγάπαις}'이다. 영어
성경은 애찬을 성찬을 의미하는 'Holy Communion'이라고

번역하지 않고 '사랑의 만찬'이라는 의미인 'Love Feast'로 번역했다. 초기 교회 공동체에서는 애찬과 성찬이 특별한 구분 없이 행해졌던 때가 있었지만 시간이 지나면서 애찬과 성찬은 뚜렷이 구별되기 시작했다.

성찬과 애찬의 가장 큰 차이는 의미와 방법이다. 성찬은 그리스도의 몸과 피를 기념하기 위한 의식이지만 애찬은 식사를 하며 성도 간의 사랑의 교제를 하기 위한 것이었다. 성찬은 2천 년이 지난 현대 교회에서도, 교단과 상황에 따라 약식으로 치러지기도 하지만 결코 본래의 의미가 달라지지 않았다. 그러나 애찬은 성찬 이후에 성도들이 함께하는 공동식사의 개념으로 점차 발전했다.

이런 역사적 배경과 신학적 이해를 무시한 채 오늘날 어떤 모임에서는 애찬이 공동식사가 아닌 성찬의 의미로 행해지고 있다. 어떤 사람들은 성찬은 목사가 있어야 하지만 애찬은 성도들끼리 떡을 떼고 잔을 나눌 수 있는 예식으로 인식하기도 한다. 이런 문제들 때문에 한국의 보수적인 몇몇 교단들은 애찬을 '유사 성찬 행위'로 규정하고 금지하고 있다.

우리는 성찬과 애찬에 대한 바른 이해와 구분이 반드시 필요하다. 그리고 만약 공동식사의 개념이 아니라 성찬의 의미로 애찬을 무분별하게 행하고 있다면 바로잡아야 할 것이다.

16

당회장과 담임목사

어떤 조직이든 직무에 따라 직함이 정해지고 직함은 업무에 관한 일을 규정하고 있다. 만약 직함과 직무가 불분명하다면 일에 많은 혼선을 빚게 된다. 교회는 예배, 선교, 구제, 행정 등과 같은 다양한 분야의 일들을 효율적으로 해 나가기 위해 여러 직분을 나누고 그것에 따른 직분과 직함을 정해 놓고 있다. 목사도 직무에 따라 여러 가지로 불리고 있다. 그중에서 가장 많이 헷갈리고 혼선이 생기는 것이 당회장堂會長과 담임목사擔任牧師의 구분이다.

당회堂會라는 말은 신약시대에 자주 등장하는 '산헤드린Sanhedrin'에서 유래되었다. 산헤드린은 어원이 '함께'와 '앉다'

산헤드린에서 베드로가 말씀을 전하고 있다(마리오토 디 나르도 작품).

라는 말이 합쳐진 합성어이다. 산헤드린은 대제사장을 비롯해 바리새인들과 사두개인들을 포함한 유대인의 최고 종교 의결 기관이었고 바울은 이곳에서 종교 재판을 받기도 했다 ^{행 23:6}. 당회는 신약시대의 산헤드린과 같이 교회 내의 문제를 의결하는 최고 모임이다. 영어로 당회는 '함께 앉아 있는 것'을 의미하는 'session'인데 목회자와 성도들이 함께 모여 교회의 중요한 일들을 결정하는 모임을 뜻한다. 한국 교회는 이런 어원적인 의미를 살려 '예배당에 모임'이라는 뜻의 당회라는 말을 쓰고 있다.

당회장은 영어로 'moderator'인데 우리말의 장^툥이라는 무게감이나 대표로서의 감투를 의미하지 않고 '토론이나 회의의 사회자 또는 중재자'라는 뜻이다.

당회장의 기능은 당회가 소집되었을 때 당회의 진행을 원활하게 하고 당회의 소집, 의결, 공포, 해산 등의 절차에 대한 대표성을 갖는다. 그래서 교단에 따라서는 당회의 장을 목사가 아닌 장로가 맡기도 한다. 이에 반해, 담임목사는 예배, 설교, 선교, 교육 등 목회의 전반에 걸친 책임을 지는 사람이며 성도가 담임목사를 대신할 수는 없다.

교회 내에서 종종 당회장을 담임목사보다 더 높은 존칭으로 여기고 쓰는 경우가 있다. 예를 들어 예배 중에 인도하시는 분이 '당회장님께서 말씀을 전해 주시겠습니다'라고 할 때가 있다. 직함과 직무가 맞지 않는 표현이다. 예배는 당회의 모임이 아니다. 예배를 드릴 때 목사는 당회의 대표로 성도들 앞에 서 있는 것이 아니라 담임목사로서 그의 고유업무인 하나님의 말씀을 선포하는 것이다. 따라서 '당회장'이라는 말 대신 '담임목사'라고 해야 옳은 표현이다. 하지만 만약 당회가 소집되었다면 '담임목사'보다는 '당회장'이라고 하는 것이 맞는 표현이다.

17

'준비찬양'은 '예배 전 찬양'으로

찬양의 역사는 교회의 역사보다 길다. 찬양이라는 말이 성경에 처음 등장한 것은 노아가 셈을 축복할 때이다창 9:26. 노아는 '셈의 하나님 여호와를 찬송하리로다'라고 시작하며 그의 아들 셈과 야벳을 축복한다. 성경은 개인적인 찬양과 집단적인 찬양을 모두 말씀하고 있다.

노아의 찬양과 같은 개인적인 찬양 외에 이스라엘 민족 전체의 찬양이 등장하는 것은 이스라엘 민족이 이집트의 오랜 노예 생활을 청산하고 출애굽할 때이다출 15:1~22. 모세와 이스라엘 자손이 '승리의 노래'를 부를 때는 악기도 등장하고 미디암과 여인들은 소고를 치며 춤을 추었다출 15:20.

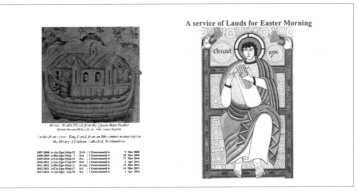

부활절 아침을 위한 준비찬양집 겉표지(그레고리안 찬트).

　이후 이스라엘의 찬양은 다윗 시대에 들어와 절정기를 맞게 되었다. 다윗은 레위인을 중심으로 찬양대를 조직했으며 대상 6:31~48, 다윗 스스로 90여 곡의 찬양을 지었다.

　초대 교회에서도 찬양은 예배의 중요한 위치에 있었다. 바울은 에베소 교인들에게 '시와 찬송과 신령한 노래들로 서로 화답하며 너희의 마음으로 주께 노래하며 찬송'엡 5:19하라고 권면하고 있다.

　찬양은 신앙고백이며 그 자체로 기도이다. 중세시대 수도사들은 악기나 반주가 없는 찬양을 했다. 이것을 찬트Chant라고 한다. 그중에서 A. D. 9~10세기에 가장 잘 알려진 것이 그레고리안 찬트이다. 수도사들은 항상 찬트를 읊조리며 수도 생활을 했고 찬트는 그들의 기도이며 신앙고백이었다.

교회의 역사에서 찬양이 예배의 부수적인 요소가 된 적은 한 번도 없다. 그럼에도 불구하고 한국 교회에서는 '준비 찬양'이라는 말을 쓰고 있다.

보통 '준비 찬양'은 예배가 시작되기 전에 부르는 찬양을 일컫는 말이다. 그러나 종종 계획에 없던 막간의 시간이나 자리를 정돈할 때, 준비한 순서가 늦어질 때 시간을 메우기 위해 '준비 찬양'을 하기도 한다. 그리고 순서가 준비되면 부르던 찬양을 중간에 끊어 버리기도 한다.

'준비 찬양'이라는 말을 쓸 때 찬양은 과연 누구를 위한 것인가? 무엇을 준비하기 위한 찬양인가?를 생각해야 한다. 찬양은 예배의 근본적인 행위이며 속성이다. 찬양은 결코 예배의 분위기를 조성하기 위한 것이나 준비하기 위한 도구가 될 수 없다. 따라서 흔히 쓰고 있는 '준비 찬양'이라는 말 대신 '예배 전 찬양'이라는 말이 대안이 될 수 있다. 찬양은 그 무엇보다 시간을 떼우기 위한 찬양이 아니라 곡조 있는 기도로 또한 예배 전 모든 성도들의 신앙고백으로 사용되어야 한다.

18

◇━━━━◇◈◇━━━━◇

태신자는 전도대상자로

시대마다 그 시대를 대변하는 언어가 생겨나고 많은 사람에게 사랑받기도 하고 시간이 흐름에 따라 사라지기도 한다. 생성과 발전, 소멸의 과정을 거치는 이런 언어는 교회 용어에서도 나타난다. 교회 용어는 특별히 신학적 검증과 언어적인 검증 과정을 거쳐야만 한다. 그중에는 새로운 교회 용어로 많이 사용되고 있지만 신학적으로 또한 국문학적인 검증을 받고 있는 태신자胎信者가 있다. 교회에는 '태신자 전도축제', '태신자를 위한 기도' 등의 프로그램도 있고 '태신자 작성카드'라는 상품이 기독교 용품으로 팔리고 있다.

태신자라는 말은 마치 엄마의 배 속에 아이가 잉태된 것처

태신자가 가진 뜻을 떠올린다면 태신자보다는 전도대상자가 정확한 용어이다.

럼 한자어 뜻 그대로 믿음으로 전도하고 싶은 대상자를 잉태
했다는 뜻이다. 아이가 태어나기 전까지 엄마가 배 속의 아
이를 기도와 사랑으로 돌보듯이 미래의 성도를 특별한 관심
과 기도로 돌보겠다는 의지의 표현이기도 하다.

하지만 태신자라는 말은 국어적인 의미와 신학적인 의미에
서 자기모순을 갖는 말이라는 지적을 받고 있다. 태신자라는
말이 전도를 통해 새로운 생명의 탄생이라는 것에 의미를 둔
말이지만 '신자'라는 말과 충돌을 빚고 있기 때문이다.

신자라는 말은 이미 믿음을 가진 사람을 말한다. 태신자라
는 말은 태 속에 있는 믿음을 가진 신자라는 의미이다. 미래

적인 의미이고 믿음의 선포이지만 교회에 출석하지 않는 사람을 신자라로 부를 수는 없다.

예수 그리스도를 영접하는 것은 전혀 다른 새로운 피조물로 거듭나는 것을 말한다고후 5:17. 모태에 있는 아이가 다른 피조물로 바뀔 수는 없다. 성별도 모태에서 바뀌는 것은 아니다. 딸이든 아들이든 이미 정해진 성별로 임신 기간이 지나면 가족의 축복을 받으며 태어난다. 이런 의미에서 태신자라는 말에 새로운 피조물이 되는 전도의 의미를 부여하는 것은 어폐가 있다. 바울이 디모데를 믿음으로 낳은 '믿음 안에서 참 아들'딤전 1:2이라고 부른 것은 그를 단순히 전도했다는 말이 아니라 믿음으로 양육하고 그의 뒤를 이을 초대 교회의 지도자로 세웠다는 의미이다.

교회 용어는 기독교의 핵심 진리를 담고 있어야 하며 언어적 의미가 타당해야 한다. 그래서 태신자는 교회 용어로서 이 조건을 충분히 충족시켰다고 볼 수 없다. 때문에 기독교 내에서는 태신자라는 말 대신 '전도대상자'라는 말을 적극적으로 권장되고 있다. 따라서 '태신자'라는 말이 담고 있는, 전도하기 원하는 사람에 대한 개인적인 관심, 돌봄, 기도와 같은 긍정적인 의미를 살리되 정확한 의미의 용어를 사용해야 할 것이다.

19

세례(침례) 요한은 세례(침례)자 요한으로

한글 성경은 여러 번의 개정 작업을 거쳐왔다. 한국 기독교는 한국어에 능숙하지 못했던 초기 선교사들과 신학적인 지식, 특별히 히브리어나 헬라어와 같은 원어에 대한 이해와 해석 능력이 부족했던 초기 번역자들의 의역과 오역을 바로잡고자 하는 노력을 꾸준히 해 왔다.

한글 성경은 1882년 《예수성교누가복음젼셔》을 시작으로 《셩경젼셔》(1911), 《셩경개역》(1938), 《성경전서 개역한글판》(1961), 《성경전서 개역개정판》(1998)의 순서로 개정되어 왔다. 여러 번의 개정 작업을 통해 고어체古語體를 현대어로 바꾸고, 어려운 한자어나 지금은 사용하지 않는 용어들을 표

세례자 요한으로부터 세례를 받으시는 예수님.

준어로 바꾸었다. 하지만 이런 노력에도 불구하고 바꾸지 않
고 있는 어휘가 '세례 요한'이다. '세례 요한'의 문제는 신학
적인 문제나 오역의 문제가 아닌 단순히 우리말 문법에 관한
것이다.

한글뿐만 아니라 거의 모든 세계의 언어가 직업이나 학문
을 일컫는 말과 그것을 하는 사람을 구분해서 사용하고 있
다. 우리는 '음악 베토벤'이 아니라 '음악가 베토벤'이라고
하고, '과학 아인슈타인'이 아니라 '과학자 아인슈타인'이
라고 한다. 세례도 마찬가지이다. 예수 그리스도를 구세주
로 영접하고 이것을 예식으로 공포하는 것이 '세례(침례)'이

다. 그리고 세례를 베푸는 사람을 '세례자洗禮者'라고 한다. 실제로, 영어 성경은 'John the baptist'(세례자 요한), 프랑스어 'Jean-Baptiste', 독일어 'Johannes der Täufer', 이탈리아어 'San Giovanni Battista'라고 기록하고 있고 한자어를 쓰는 중국어 계열의 성경 또한 '세례자 요한'이라고 쓰고 있다. 오직 한글 성경만 '세례 요한'마 3:1; 11:11, 12; 막 1:4이라고 쓰고 있는 셈이다. 그러므로 너무 익숙해 있어 바꾸는 게 쉽지 않겠지만, '세례 요한'이 아닌 '세례자 요한'이라고 부르는 노력이 필요하다.

20

안식일은 주일로

주일은 '주님의 날'을 줄인 말이다. 그런데 많은 기독교인들이 '주일' 대신 '일요일'이나 '안식일'이라고 쓰기도 한다. 안식일과 일요일은 기독교의 전통인 '주일'과 다른 의미가 있다. 안식일은 창세기의 천지창조 때부터 모세오경 전반과 예언서에 걸쳐 자주 등장한다. 안식이라는 말은 창세기 2장 2절에 처음 등장한다. 하나님께서 6일 동안 천지를 지으시고 제7일에 안식하셨다.

안식은 여러 의미로 해석될 수 있다. 하나님의 안식은 고된 일을 마치고 쉬어야 하는 상태를 말하는 것이 아니라, 더는 새로운 피조물을 만들지 않으시고 잠시 활동을 중단한 것을 의미한다 창 2:2.

그러나 역사에서 안식은 '일상적인 일로부터의 자유' 출 20:10, '육체적인 쉼' 출 33:14, '전쟁으로부터의 자유' 수 23:1, '영원한 안식' 욥 3:17 등의 의미로 사용됐다. 구약성경에서는 안식일에 대한 율법이나 규례가 막강해 안식일에 일하거나 거룩하게 지키지 않으면 죽음을 맞기도 했다.

이에 반에 신약성경에서는 안식일을 거룩하게 지키는 것에 대한 강조는 찾아보기 힘들다. 다만 안식일이 무엇을 위해 있는지, 안식일의 주인이 누구인지에 대한 문제로 예수님과 바리새인들이 논쟁하는 모습을 볼 수 있다 막 2:27~28.

초대 교회를 지나면서 일요일을 주일로 지키게 된 데는 성경적, 역사적으로 중요한 배경이 있다. 예수님의 부활이 안식일 그 다음날에 이뤄졌기 때문이다.

'안식일이 다 지나고 안식 후 첫날이 되려는 새벽에 막달라 마리아와 다른 마리아가 무덤을 보려고 갔더니' 마 28:1

예수님의 부활을 기념하기 위해 초대 교회는 안식일보다 이틀날인 일요일을 주일로 지키기 시작했다. 이는 사도 바울이 드로아에서 가졌던 모임에서도 잘 드러난다. 사도행전 20장 7절에선 그날의 모임이 '그 주간의 첫날' 즉 안식일 다음날인 일요일이었던 것을 말하고 있다.

주일은 구약에서 말하는 육체의 안식을 얻기 위한 날이 아

안식일에 병든 여인을 고치시는 예수 그리스도(제임스 티쇼트 작품).

니다. 주일은 예수 그리스도의 십자가의 죽으심과 부활의 은혜를 기념하는 날이다. 하나님께 예배하고 찬양하며 우리의 육체와 영혼이 하나님 안에서 회복되고 쉼을 얻기 위한 날이다. 이런 의미를 담고 있기에 안식일이나 일요일이 아닌 '주일'이라고 부르는 게 맞다.

21

일요일과 주일의 차이

주일이라는 말은 기독교인들에게  는 익숙하지만 믿지 않는 사람들에 게는 그렇지 않다. 세상 사람들은 왜 기독교인들은 공식어인 일요일이라는 말을 쓰지 않고 주일 이라고 하냐고 거부감을 드러내기도 한다. 간혹 주일이라는 말이 성경 어디에 있냐고 묻기도 하지만 주일은 성경을 기초 로 한 말이다. 사도 요한은 이날을 '주의 날^{the Lord's day}'이라고 기록하고 있는데 특별히 이날에 그가 하나님의 계시의 말씀 을 들었다고 기록하고 있다.

'주의 날에 내가 성령에 감동되어 내 뒤에서 나는 나팔 소

주일예배를 드리는 성도들 모습.

리 같은 큰 음성을 들으니'계 1:10

일요일이 제정된 배경을 안다면 일요일과 주일이 어떤 차이가 있는지 쉽게 알 수 있다. 또한 왜 기독교인들이 이 날을 주일이라고 부르는 것이 옳은지를 쉽게 이해할 수 있다.

오늘날의 일요일은 321년 콘스탄티누스 대제가 공휴일로 선포하면서 시작됐다고 전해지고 있다. 콘스탄티누스 대제는 313년 밀라노 칙령으로 기독교를 공인했던 사람이다. 그는 로마 정부가 그동안 압수한 교회의 재산을 돌려줄 것을 명령했고 교회가 입은 피해에 대해 국가적인 보상을 약속했다. 콘스탄티누스는 노년에 스스로를 그리스도인이라 칭하기도 했다. 하지만 콘스탄티누스가 일요일을 휴일로 공포한 것은 신앙심에 의한 것은 아니었다.

로마에는 일찍부터 각 대륙에서부터 유입된 이방 종교들이 독버섯처럼 번져가고 있었다. 이것을 막기 위해 로마 정부에서는 로마가 섬겨왔던 태양신에게 제사를 지내도록 했다. 더 많은 사람들이 태양신에게 제사를 드리도록 하기 위해 태양의 날[Sun+day], 즉 일요일을 휴일로 공포한 것이다.

이에 반에 기독교의 주일
은 예수 그리스도께서 부활
하신 날을 기념하기 위한 것
이며 성령이 임한 것을 기념
하는 날이다.

오순절날 성령이 임했다[행 2]. 오순절은 유월절로부터 7주
(49일)가 지난 다음날을 말하는데 주일에 해당한다. 일요일
은 태양신에게 제사하기 위해 만들어진 날이지만 주일은 그
리스도의 부활과 성령의 강림을 기념하는 날이기에 기독교
인들은 일요일보다는 주일이라는 말을 사용하는 것이 성경
적이며 옳은 일이다.

22

◈━━━❈━━━◈

천당과 하나님의 나라

　기독교 신앙의 가장 중요한 주제 중 하나는 하나님의 나라이다. 기독교인들에게 교회를 다니는 이유를 물으면 거리낌 없이 죽은 후에 천당 혹은 천국에 가기 위해서라고 답할 것이다.

　'예수천당 불신지옥'은 길거리나 대중교통 안에서 흔히 듣게 되는 전도구호이다. 예수님을 믿으면 천당에 가게 되고 믿지 않으면 지옥에 간다는 말이다. 어쩌면 협박처럼 들릴 수 있으나 이 말처럼 짧은 시간 안에, 짧은 문구로 왜 예수님을 믿어야 하고 기독교의 신앙을 가져야 하는지를 함축적으로 설명할 수 있는 문구를 찾아보기란 쉽지 않을 것이다. 만

천국으로 가는 길은 어떤 모습일까?

약 천국에 대한 소망이 없다면 기독교의 신앙은 인간 세상을 위한 윤리나 도덕에 지나지 않을 것이다.

그러나 천당은 성경에 기록되어 있는 용어가 아니다. 또한 우리가 알아야 할 것은 천당^{天堂}은 기독교에서만 쓰는 용어가 아니라는 사실이다. 불교에서는 사후세계를 일컫는 말로 천당 혹은 천상이라는 말을 쓰고 있다. 성경에 기록되지 않은 천당이라는 말이 기독교인들에게 쉽게 통용되고 있는 이유는 우리나라 역사에 뿌리 깊이 박힌 불교의 영향 때문이다.

천당이라는 말은 천상^{天上}이라고 일컬어지기도 하는데, 천상은 부처의 지위에 오르지 못한 사람들이 가게 되는

욕계^{欲界} · 색계^{色界} · 무색계^{無色界}를 통칭하는 말이다. 부처가 되
지 못한 사람들은 극락에 올라가지 못했기 때문에 윤회의 굴
레를 벗어나지 못한 상태로 천상에 머물게 된다. 아직 윤회
의 굴레에서 벗어나지 못한 사람들은 죽음 이후에도 태어남
과 죽음이 반복적으로 일어나는 천상에 거하게 된다. 예수님
을 믿고 영원한 생명을 가지고 살게 되는 기독교의 핵심 진
리인 천국과는 완전히 다른 것이다.

성경은 천당이라는 말 대신 '회개하라 천국이 가까이 왔느
니라'^{마 4:17}는 말씀과 '또 여기 있다 저기 있다고도 못하리니
하나님의 나라는 너희 안에 있느니라'^{눅 17:21}는 말씀처럼 '천
국' 혹은 '하나님의 나라'라는 말을 쓰고 있다. 그러므로 기

독교 용어라고 할 수 없는 '천당'이라는 말 대신 '천국' 혹은 '하나님의 나라'라는 말을 사용해야 한다. 더 나아가 우리 안에서 스스로 타종교의 영향으로 쓰고 있는 비기독교적인 용어들을 고쳐나가려는 노력이 필요하다.

23

증경은 전임으로

우리나라 사람들의 언어 습관에 배어 있는 특징 중 하나는 '현학적衒學的'으로 보이려는 것이다. 현학적이란 말의 사전적인 의미는 '학식이 있음을 자랑하는, 또는 그런 것'이다. 영어권의 사람들은 대화 중에 영어 외의 다른 나라의 용어나 단어를 거의 사용하지 않는다.

하지만 우리나라에서는 적지 않은 사람들이 사소한 대화에서도 의도적으로 영어를 비롯해 외래어를 사용하는 경향이 있다. 이런 현상은 교회 용어와 교단 총회에서 사용되는 언어에도 그대로 나타나고 있다. 어떤 말은 교회에서만 사용하는 말이고, 어떤 말들은 심지어 기독교인들도 이해하지 못하

는 말들이 있다. 그중에서 가장 흔히 사용하는 말이 '증경曾
經'이다.

교단 총회와 같은 모임에서 총회장을 지낸 분을 소개할 때
'증경 총회장 누구이십니다'라는 말은 아주 일반화된 것이
다. 한자의 의미로 보면 증曾은 '이미, 일찍이'라는 뜻이고,
경經은 '지내다'라는 뜻으로 '이미 지냈다'는 말이다.

증경이라는 말은 당나라 시대의 노조린盧照鄰이라는 사람이
쓴 고시古詩에 등장한다. 노조린이 시 〈장안고의長安古意〉에서
'증경학무도방년曾經學舞度芳年'이란 시어를 썼는데 의미는 '일찍
이 춤을 배우느라 젊은 시절을 보냈다'는 의미이다.

한국 기독교에서는 증경이라는 말을 전임 총회장을 비롯해
전임자를 존중하고 높이는 의미로 사용하고 있지만, 사실 심
오한 뜻이나 존중의 의미는 전혀 없이, 젊은 시절을 춤을 배
우느라 시간을 보냈다는 말에서 나온 것이다. 증경이라는 말
이 우리나라에서 자리 잡게 된 이유는 지금 우리 세대가 남
들이 안 쓰는 영어 단어를 쓰는 것을 좋아하는 것과 같은 이
유에서 비롯되었다. 중국 고대시나 어록 등에 등장하는 한자
어를 현학적으로 보이기를 좋아했던 선비들이 중국에서조차
잘 쓰지 않는 용어들을 우리나라에 들여왔던 것이다.

하지만 '증경'은 국립국어원이 발행하는 표준국어대사전
에 없는 말이다. 엄밀히 말하면 증경은 교회 밖에서는 쓰지

증경의 어원을 생각한다면 증경은 존중의 의미가 될 수 없다. 따라서 증경 대신 전임 혹은 이전이란 명칭을 쓰는 것이 바른 용어이다.

않는 용어이다. 전임이나 이전 사람을 뜻하는 증경이라는 말을 붙여서 '증경 총회장', '증경 지방회장'이라는 말은 쓰고 있지만, 전임 국회의장이나 국무총리, 대통령을 '증경 국회의장', '증경 국무총리', '증경 대통령'이라고 하지는 않는다. 그러므로 '증경'이라는 말은 '전임' 혹은 '이전'으로 고쳐 써야 할 것이다.

24

총회 용어들 -
'가' 하시면 '예' 하시오

언어의 생명은 소통에 있다. 서로 무슨 말인지 이해하지 못한다면 언어로서의 의미를 상실하게 되고 시간이 지남에 따라 생명력을 잃게 된다.

9월이면 한국 기독교의 주요 교단들이 정기총회를 연다. 각 교단이 법정에서 쓰는 언어를 사용해서 그런지 모르지만, 총회에서 쓰는 많은 말들은 교회를 오랫동안 다닌 사람들도 이해하기 힘들 때가 많다.

총회를 본격적으로 시작할 때 '헌의'라는 말을 쓴다. 이 말은 1909년 '예수교장로회조선노회' 3차 회의에서 처음 쓰인 것으로 알려져 있다. '헌의'는 회원들이 정기총회에서 다뤄

달라고 상정한 안건을 일컫는 말이다. 총회를 마무리할 때는 '촬요'라는 말이 등장한다. 촬요의 뜻은 회의에서 다뤄진 안건들과 주요사항들을 '요점만 간추려 모았다'는 뜻이다. '헌의'나 '촬요'와 같은 말은 조선시대에 쓰던 말로서 현대인들에게는 사용되지 않는, 생명력을 잃은 언어이다.

　요즘 우리 사회에 불고 있는 변화 중의 하나는 쉬운 법정 언어를 사용하는 것이다. 재판을 받은 당사자가 자기의 판결이 어떻게 났는지 정확하게 알지 못해 어리둥절해 하는 경우가 종종 있다.

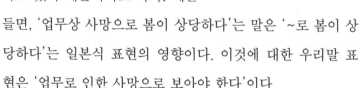

　법정 언어를 이해하기 힘든 이유는 일본식 어법과 용어를 상당수 포함하고 있기 때문이기도 하다. 예를 들면, '업무상 사망으로 봄이 상당하다'는 말은 '~로 봄이 상당하다'는 일본식 표현의 영향이다. 이것에 대한 우리말 표현은 '업무로 인한 사망으로 보아야 한다'이다.

　총회의 언어로 흔히 쓰고 있지만, 구습으로 남아 있는 표현이 '가ㅁ 하시면 예 하시오'이다. 이 말은 한국말이 서툴렀던 선교사들이 회의를 진행할 때 다시 한 번 모든 내용이 맞는지 확인절차를 걸치기 위해 쓰던 말이다. 그러나 이 말은 문법적으로 또한 몇 명이 '예'와 '아니오'를 했는지 민주적인 확인절차를 할 수 없는 말이다. 그리고 슬픈 역사를 지닌 말이기도 하다. 1938년 9월 10일 신사참배를 결정할 때, '동의할 수 없다. 불법이다'를 외치며 반대하던 사람들의 입을 강제로 틀어막아 퇴장시키고 몇 사람의 '예'라는 소리와 함께 신사참배를 가결할 때 쓴 말이기 때문이다.

　교회 용어는 모든 사람이 이해할 수 있는 말이어야 한다. 교단 총회와 같은 중요한 결정을 할 때 쓰는 말이라면 더욱 쉽고 명확한 말을 사용해야만 할 것이다.

25

일제의 잔재 '묵도'는 '묵상기도'
또는 조용히 기도 드림으로

　　예배를 시작할 때 사용되는 "다 같이 묵도^{默禱}하심으로 예
배를 드리겠습니다"는 너무나 귀에 익숙한 말이다. 이 말이
아닌 다른 어떤 표현으로 예배의 시작을 알릴 수 있을까? 하
는 생각이 들 정도이다.

　　보통 한국 기독교인들은 묵도를 '묵상기도^{默想祈禱}'의 줄임말
정도로 이해하고 있다. 그러나 '묵도'는 하나님의 말씀을 묵
상하며 조용히 드리는 기도가 아니다. 묵도는 일본인들이 신
사참배를 할 때나 가정에서 가정 신에게 예배할 때 그들의
신을 생각하며 잠시 묵념하는 것을 말한다.

　　묵도라는 말이 예배에서 사용되기 시작한 것은 일제강점기

이후이다. 일제강점기 이전, 선교사들이 한국 교회의 전통과 예식을 세워나갈 때는 없던 묵도라는 말은 1938년 한국 기독교가 신사참배를 공식적으로 인정한 이후 예배의 순서가 됐다. 한국 교회가 신사참배를 인정하고 받아들임으로써, 예배드리기 전에 일본의 신사神社에게 먼저 참배하는 묵도를 예배의 순서에 넣게 된 것이다.

시간이 지남에 따라 이 참담한 역사의 산물은 예배의 순서로 굳어지고 정형화되었다. 이렇게 오랜 세월 동안 묵도가 예배의 한 순서가 될 수 있었던 것은 묵상기도와 비슷한 어감을 가지고 있기 때문일 것이다. 그러나 묵상기도는 단순히

1937년 평양산정현교회의 목회자 사진. (앞줄 왼쪽부터) 조만식 장로, 김동원 장로, 박정익 장로, 주기철 목사, 유계준 장로, 김봉순 장로, 오윤선 장로, 김찬두 장로.

감정보다 하나님의 말씀을 통해 영적, 내적 성숙을 이끌어내는 것이 묵상기도이다.

소리를 내지 않고 드리는 기도가 아니다. 묵상기도는 하나님의 말씀을 깊이 묵상하며 깨닫는 지적인 노력과 하나님의 말씀을 삶에 적용하고자 하는 의지적인 결단이 바탕이 되어야 한다. 감정에 치우치기보다는 하나님의 말씀을 통해 자기를 되돌아보고 말씀으로 영적 · 내적인 성숙을 이끌어내는 것이 묵상기도이다.

많은 교회들이 이 문제의 심각성을 공감하고 '묵도하심으로'라는 말의 사용을 점차 줄여가고 있다. 특별한 멘트 없이 예배의 부름을 찬양대의 찬양이나 악기의 연주로 시작하는 교회들도 있다. 하지만 습관에 의해 신사참배의 잔해인 '묵도'로 예배를 시작하는 교회들은 아직 많다. 예배를 시작할 때 '묵도하심으로'라는 말 대신 성경적인 언어인 '묵상'시 1:2 을 사용하거나 '조용히 기도하심으로'라는 말을 사용하는 것이 바람직하다.

26

◈━━━━◈◇◈━━━━◈

대표기도는 기도인도로

　한국 기독교의 성장과 발전을 이끌었던 요인을 여러 가지로 분석할 수 있다. 그중에서 다른 나라의 기독교와 비교할 때 뚜렷한 특징을 갖고 있는 것은 기도에 대한 열심과 열정이다. 한국 교회와 성도들만큼 새벽부터 밤까지 기도에 열심을 가지고 있는 나라는 드물다.

　기도에는 묵상기도, 통성기도, 개인기도, 방언기도, 치유를 위한 신유기도, 새벽기도, 철야기도 등 여러 종류가 있다. 어떤 기도든 예수 그리스도 외에는 하나님과 기도하는 사람 사이에 끼어들 수 없다. 예수님의 구속의 은혜로 모든 사람이 하나님께 담대히 나아갈 수 있는 '만인 제사장'이 된 것이다.

그러나 기도자와 하나님 사이에 어떤 것도 끼어들 수 없다는 성경적 이해를 다시 생각하게 하는 것이 대표기도이다.

'대표기도'는 교회 용어로 적당한가로 논의되고 있는 용어 중 하나이지만 수요, 금요철야, 주일예배 순서에 어김없이 등장한다. 대표기도가 교회 용어로 적합한지에 의문을 갖게 하는 가장 큰 이유는 대표기도라는 말보다는 대표기도를 해야 하는 '대표 기도자'의 역할 때문이다.

한 사람이 성도들을 대표해 중간자의 입장에서 하나님께 기도한다는 것은 신학적으로 또한 성경적으로 이해하기 힘들다. 이것은 마치 구약시대에 이스라엘 백성들을 대신했던 제사장들의 기능을 연상시킨다. 대표기도는 혼자만의 기도가 아니라 모든 성도와 교회의 소망을 담아 하나님께 드리는 기도이다.

대표 기도자는 회중의 기도를 인도하는 기도 인도자에 가깝다.

대표기도의 내용을 보면 교회와 나라, 우리나라 전체의 현안과 민족의 통일과 같은 교회 공동체 전체를 위한 기도이다. 이런 기도의 제목을 예배의 편의상 한 사람이 기도하는 것이지 성도들을 대표해서 기도하는 것은 아니다. 개인의 기도 제목이 아닌 공적인 기도 제목을 위해 기도할 때 성도들은 아멘으로 화답하며 기도에 동참한다.

대표 기도자는 국민들은 열심히 응원하고, 한 선수가 나라를 대표해서 경기에 나서는 국가 대표 선수가 아니다. 그럼에도 불구하고 모든 성도의 소망과 비전, 바람을 한 사람이 종합적으로 정리해서 드리는 기도를 대표기도라고 하고 있다. 그런데 사실 대표 기도자는 성도들을 대표해서 기도하는 것이 아니라 회중의 기도를 인도하는 '기도 인도자'이다. 그러므로 대표기도가 아니라 '기도 인도'라는 말을 써야 할 것이다. '대표 기도자' 또한 '기도 인도자'로 바뀌어야 한다.

27

주님께서 간섭해 주시옵소서는
주관해 주시옵소서로

기도는 영적인 호흡이며 신앙생활의 핵심 중 하나이다. 기도의 끈을 통해 하나님과의 관계는 더욱 온전해지고 확고하게 연결된다. 전 세계 기독교인 중 한국 성도들만큼 기도를 많이 하는 사람들은 드물 것이다. 통성기도나 새벽기도와 같이 한국 기독교는 기도의 새로운 전통을 만들어 가고 있을 뿐만 아니라 선교지와 주변 기독교 나라들에게 기도에 관한 큰 영향력을 미치고 있다. 좋은 기도의 습관을 갖는 것은 영성 훈련과 신앙생활에 매우 중요하다.

기도는 개인마다 다른 언어적 습관을 바탕으로 하고 있다. 당연히 좋은 언어 습관은 좋은 기도 습관으로 이어지고, 잘

우리는 우리 삶의 주관자이신 하나님께 간섭해 달라는 기도가 아니라 우리 삶의 문제를 주관해 달라고 기도해야 한다.

못된 언어 습관은 본의 아니게 엉뚱한 방향으로 흐를 수 있다. 잘못된 언어 습관에 의한 기도 중 대표적인 것으로는 '주님께서 일일이 간섭해 주시옵소서'가 있다.

간섭干涉이라는 말의 사전적 의미는 '직접 관계가 없는 남의 일에 부당하게 참견함'이다. 다시 말하면 간섭은 당사자가 아닌, '직접적인 관계가 없는' 타인이 부당하게 개입하는 것을 말한다.

기도는 하나님과의 직접적인 관계 가운데 이루어진다. 하나님은 기도에서 절대로 제삼자가 될 수 없다. 따라서 하나님께 간섭해 달라고 기도하는 것은 하나님을 기도를 받으시는 직접적인 대상이 아니라 타자(他者)적 관계로 전락시키는 것이다. 또한 간섭에는 참견의 의미가 있다. 남의 일에 참견하는 사람이 그 일에 대한 책임을 지지는 않는다.

하나님께 기도하는 것은 당연히 하나님께서 기도 제목을 들으시고 그 문제에 직접 개입하시기를 바라는 것이다. 더 나아가 그 문제를 책임지고 해결해 주시기를 바라는 것이다. 때문에 의도한 바는 아니겠지만, 하나님께 간섭해 달라는 기도는 하나님을 방관자 혹은 책임지지 않아도 되는 분으로 만드는 결과를 낳게 된다.

모든 만물은 하나님께서 지으신 피조물이다. 하나님의 백성은 '그의 소유된 백성'벧전 2:9이며, 그리스도의 핏값으로 사신 고전 6:19~20 하나님의 자녀이다. 이 세상 어떤 것에도 하나님은 방관자가 될 수 없다. 특별히 하나님의 자녀에 대한 것이라면, 그 어떤 것에도 하나님은 간섭자가 되실 수 없으며 오직 주권자이시다. 그러므로 '일일이 간섭해 달라'는 기도는 모든 삶의 문제를 '주관' 혹은 '주장'해 달라는 기도로 바뀌어야 한다.

28

칠성판은
고정판 또는 시정판으로

문화는 한 사회의 독특하고 일반화된 행동 양식을 말한다. 어떤 것이 문화로 정착되기까지는 오랜 시간이 걸린다. 오랜 시간이 걸려 형성된 문화가 잘못되었다면 그것을 바꾸는 데도 상당한 시간과 노력이 필요하다. 만약 그것이 한 민족의 삶을 이끌어 왔던 전통에 뿌리를 내려 '전통문화'가 되었다면 바꾸기 위해서는 적지 않은 충돌이 일어나게 된다.

한국의 장례문화는 대부분 도교와 유교, 불교를 바탕으로 하고 있다. 너무 오랜 세월 동안 써 왔고 대체할 말을 쉽게 찾지 못한 용어들은 기독교의 용어로 그대로 사용되곤 한다. 그중 하나가 칠성판七星板이다.

죽음을 상징하는 말로 기독교인들이 '요단강을 건넌다'는 말을 사용하듯이 '칠성판을 졌다'는 말은 죽음을 의미하는 말로 사용되곤 했다. 이런 말을 쓰게 된 이유는 칠성판의 쓰임새 때문이다.

칠성판은 일곱 개의 구멍이 뚫린 나무판이다. 용도는 입관하기 전에 시신을 반듯하게 누인 뒤 움직

칠성판의 예시.

이지 않도록 일곱 개의 구멍에 단단히 묶기 위한 것이다. 위에서 보면 시신이 관 안에 누워 있는 모습이지만, 서 있는 자세로는 칠성판을 짊어진 형태이기에 죽음의 다른 표현으로 '칠성판을 짊어졌다'는 말을 쓰게 된 것이다.

칠성판은 우리나라 민주화 과정의 슬픈 역사 속에 등장하기도 한다. 유명한 고문 기술자가 알몸 상태인 고문 대상자의 몸을 칠성판 위에 올려 놓고 움직이지 못하도록 가죽끈으로 묶어 고정시키는 고문대로 사용했었다.

고문 기술자는 고문 대상자의 얼굴을 수건으로 뒤집어씌운 뒤 물호수를 입에 물리고 물고문을 시작했다. 그래도 강요하는 답을 듣지 못하면 발가락에 전선을 연결하고 기절할 때까지 물에 젖은 몸에 전기를 흘려보냈다. 칠성판이 죽음을 상징하는 것을 아는 사람에게 그 공포감은 이루 말할 수 없었

을 것이다.

다른 한편, 칠성판의 일곱 개의 구멍은 일곱 개의 별을 의미하는 데 이는 북두칠성을 뜻한다. 도교에서 북두칠성을 신성시하는 것은 인간의 길흉화복과 수명을 지배한다는 믿음 때문이다.

우리는 그동안 지켜왔던 전통으로부터 기독교 문화를 완전히 분리시킬 수는 없을 수 있다. 하지만 용어를 바꾸어 나가는 것은 타 종교의 믿음과 사상으로부터 벗어나는 길이다. 그러므로 북두칠성을 신성시하는 도교의 신앙을 벗어나기 위해 칠성판이 아니라 '고정판固定板' 또는 '시정판屍定板'으로 고쳐 부르는 것이 필요하다.

29

'당신/하나님 아버지'는 '아버지 하나님'으로

　'당신'이라는 말은 인칭에 따라 존대어가 되기도 하고 하대하는 말로 사용되기도 한다. 예를 들어, 당신이라는 말을 대화의 상대자인 2인칭이 아니라 3인칭으로 쓰면 웃어른을 높여 부르는 말이 된다.

　구어체가 아닌 3인칭 문어체로서 '당신'은 시적인 의미를 더해 사람이 아닌 '국가'나 '민족'을 존중하고 높여 부르는 말로 사용되기도 한다. 하지만 2인칭 구어체로서의 '당신'은 '상대편을 낮잡아 이르는 2인칭 대명사'라는 사전적인 의미를 갖고 있다.

　기도는 하나님과의 대화이다. 하나님은 우리의 기도를 들

으시고 응답하시는 직접적인 대상이시기에 제3자가 될 수 없다. 만약 부모와 대화를 할 때, '아버지 당신이…'라는 말을 자녀가 한다면 대단히 버릇없다고 할 것이다.

이와 마찬가지로 기도 가운데 '하나님, 당신께서…'라는 말을 쓴다면, '~께서'라는 존칭 조사를 쓰고 있다고 해도 결코 존대어가 될 수 없다. 그러므로 기도 가운데 하나님을 당신이라고 해서는 안 될 것이다.

'당신'이라는 말 외에 한국어 어법에 맞지 않는 말은 '하나님 아버지'이다. 우리나라 말은 명사 두 개가 겹치면 앞의 명사가 뒷 명사의 자격을 부여하거나 소유격을 나타낸다. 예를 들어 '명동 거리'라는 말은 '명동의 거리'라는 뜻이다. 같은 맥락으로 '홍길동 아버지'는 '홍길동의 아버지'라는 의미이다. 그럼 '하나님 아버지'라는 말을 살펴보자.

'하나님 아버지'는 '하나님의 아버지'라는 뜻이다. 우리가 흔히 '하나님 아버지'라고 써 왔지만 문법적으로 어색한 말이다. 두 개의 명사가 겹쳐서 사용될 때는 소유격만을 나타내는 것이 아니다. 자격을 나타내기도 한다. 만약 '아버지 홍길동'이라고 쓴다면 이 말은 '아버지의 홍길동'이라는 의미가 아니라 '아버지로서의 홍길동'이라는 의미이다. '하나님 아버지'가 아니라 '아버지 하나님'이라고 쓴다면 귀에 익숙치 않아 굉장히 어색하고 이상하게 들릴 수 있으나 '아버지이신 하나님'이라는 뜻이 된다. 오히려 한국 문법에는 맞는 말이다.

외래어이고 일본어의 잔재이기에 우리 표준국어대사전에 없을 것 같지만 등재되어 있는 '테레비'처럼 언어는 생성, 진화, 소멸의 과정을 계속해서 반복하고 있다. 때로는 문법과 출처와 상관없이 사용의 빈도수에 따라 표준어로 탄생된다. '하나님 아버지' 또한 한국어 어법에는 맞지 않지만 너무 광범위하게 오랫동안 많은 사람들이 사용하고 있어 이미 수정

할 수 있는 단계가 지났는지 모른다. 그러나 바른 용어와 우리말 어법에 맞는 말의 사용은 기독교 내에서 끊임없이 일어나야 할 자성의 모습이다.

30

성경과 성서

찬송과 찬양, 성경과 성서와 같이 기독교 용어들 가운데 혼용해서 쓰는 단어들이 많이 있다. 그중 어떤 것이 맞느냐는 질문을 가장 많이 받는 것이 '성경과 성서'이다. 참고로 중국 기독교는 성경, 일본에서는 성서라고 쓰고 있다. 재미있는 것은 일본에서 성서라고 쓰는 이유는 불교 때문이다. 기독교의 역사보다 긴 역사를 가지고 있는 불교가 불경佛經을 거룩한 책, 즉 성경이라고 이미 쓰고 있었기 때문에 일본 기독교는 '성경'이라는 말 대신 '성서'라는 말을 사용하게 된 것이다. 한국의 불교 용어 중에도 '성경대聖經臺'라는 것이 있다. 한자를 그대로 풀면, 성경을 읽기 위한 독서대로 생각할 수 있

성경과 성서의 차이는 무엇일까?

으나 성경이 아니라 불경을 읽기 위한 받침대이다. 이는 일본 불교의 영향 때문일 것으로 추측된다.

성경과 성서의 차이를 설명하기 위해, 성경은 성경 66권의 각 권을 말하고 이것을 모두 모아 놓은 것을 성서라고 주장하기도 한다. 실제로 출판된 대부분의 성경책은 '성경'이라고 쓰여 있지 않고 '성경전서'라고 되어 있다. 그러나 '성경전서'는 말 그대로 66권의 성경 모두를 모았다는 뜻이지 성경과 성서의 근본적인 차이를 설명하고 있는 것은 아니다.

성경과 성서의 차이를 이해하기 위해 유교의 '사서삼경四書三經'과 불교의 '불서佛書와 불경佛經'의 차이를 생각해 볼 필요

성경전서는 66권의 성경을 모두 모았다는 뜻이다.

가 있다. 사서는 논어^{論語}, 대학^{大學}, 중용^{中庸}, 맹자^{孟子}이고 삼경
은 시경^{詩經}, 서경^{書經}, 역경^{易經}이다. 사서는 유교의 도덕적이
고 문학적인 측면이 강조된 책이고 삼경은 유교의 경전이라
고 할 수 있다. 이와 마찬가지로 불교의 불서는 불교의 교양
서적과 같은 것이며 불경은 불교의 핵심 교리를 말하고 있는
경전이다.

　일반적으로 한자어 '서^書'는 책, 글, 편지 등과 같은 일반적
인 글이나 책을 말한다. 이에 반에 종교적인 교리, 믿음, 가
르침을 담은 책은 경전^{經典}이라고 한다. 성경은 내적인 증거
로 '너희가 성경에서 영생을 얻는 줄 생각하고 성경을 연

구하거니와 이 성경이 곧 내게 대하여 증언하는 것이니라' 요 5:39, '모든 성경은 하나님의 감동으로 된 것으로 교훈과 책망과 바르게 함과 의로 교육하기에 유익하니'딤후 3:16 등과 같이 '성서'가 아닌 '성경'이라고 분명히 하고 있다. 영어에서도 거룩한 책의 의미인 Holy Book이라고 쓰지 않고 성경이라는 의미인 Holy Bible이라고 쓰고 있다. 그렇다면 일반적인 서적의 의미를 담고 있는 성서聖書보다는 하나님의 말씀이 기록된 경전經典의 의미가 강조된 성경聖經이라고 쓰는 것이 타당할 것이다.

31

서로 다른 추수감사절과 아쉬움 - I

기독교의 절기 중에 추수감사절만큼 나라마다 그 시기가 제각각인 것은 없다. 미국은 청교도들이 미국 정착 첫해 (1620년)의 혹독한 정착 과정을 도와주었던 인디언들과 이듬해인 1621년에 감사의 마음을 나눈 것을 기념해 11월 넷째 주 목요일을 추수감사절로 지키고 있다.

미국인들은 추수감사절 기간 동안 우리나라의 전체 인구와 비슷한 5천만 명이 민족 대이동을 할 정도로 성탄절이나 새해보다도 더 큰 명

실상부한 미국 최대의 명절이라고 할 수 있다. 이에 반해, 청교도의 추수감사절 전통을 미국과 공유하고 있는 캐나다는 10월 둘째 주 월요일을 추수감사절로 지키고 있다. 영국은 8월 1일 밀의 수확을 기념하며 '램마스 데이^{Lammas Day}'라는 이름으로 추수감사절을 지키고 있으며 러시아는 11월 첫째 주 토요일을 '성 드미트리 토요일^{St. Demetrius Saturday}'이라고 해서 가족과 친척들이 모여 음식을 나눈다.

유럽 대부분의 나라들은 추수감사절의 의미가 약하지만 독일은 '성 미카엘의 날'(9월 29일)이 지난 후 첫 번째 맞는 주일을 감사절^{Erntedankfest}로 지키고 있다. 이날을 기점으로 '옥

18세기 미국 화가 진 레온 제롬 페리의 미국 역사 시리즈 중 하나인 추수감사절 풍경.

토버페스트^{Oktoberfest}'로 유명한 맥주축제나 포도축제와 같은 축제가 지역별로 성대하게 치러진다. 스위스에는 사프란 빵과 지역 겨자인 '칠비^{Chilbi}'를 나눠 먹는 '베니숑^{Bénichon}'과 같은 추수감사 축제가 9월에 있다. 네델란드 개혁파는 처음에는 스위스 기독교의 영향으로 9월에 추수감사절을 지켰으나 지금은 11월 첫째 주 수요일을 '감사의 날^{dankdag}'로 지키고 있다.

추수감사절과 가장 비슷한 성경의 절기는 초막절이다. 유대인들은 이 절기를 '숙곳^{Succoth}'이라고 부르는데 '여호와의 절기'레 23:39, '일곱째 달 절기'왕상 8:2, 대하 5:3, 느 8:14, 또는 '수장절'출 23:16이라고도 불렀다. 수장절收藏節의 의미는 문자 그대로 곡식을 거둬들여 저장한다는 의미이다. 그래서 초막절은 해마다 약간의 차이가 있으나 보통 태양력으로 9월 중순에서 10월 중순 사이이며 추수에 대한 감사를 하는 절기이다.

그런데 유대인들에게

초막절을 지키는 유대인 장로의 모습. 유자나무 열매와 야자나무 가지를 들고 있다.

초막절은 곡식을 거둬들여 쌓아 놓는 것보다 더 중요한 의미가 있다. 그것은 '하나님과의 언약 관계'를 보존하는 것이다.

이스라엘 백성들이 초막절을 중요하게 생각하는 이유는 가나안 땅에 들어가 풍족히 먹고 아름다운 집을 짓고 거주하며 살게 될 때 마음이 교만해져서 하나님을 잊어버리지 않기 위한 것이다신 8:12~14. 그래서 유대인들은 초막절이 되면 거둬들인 수확에 교만해지지 않도록 자신의 집을 떠나 초막을 짓고 그곳에서 지내는 풍습을 갖게 되었다.

오늘날의 추수감사절은 구약의 초막절이 가지고 있는 추수에 대한 감사 외에 '하나님과의 언약 관계'의 보존이라는 의미를 살리지 못하는 아쉬움을 남기고 있다.

32

서로 다른 추수감사절과 아쉬움 – II

한국 기독교는 추수감사절을 11월 셋째 주일에 지키고 있다. 앞에서 살폈듯이 세계 여러 나라들은 저마다 다른 추수감사 절기가 있는데 왜 한국 기독교는 11월 셋째 주에 추수감사절을 지키고 있을까?

대부분의 기독교인들이 미국 추수감사절의 영향이라고 생각한다. 그러나 이것은 50점 정도의 답이라고 할 수 있다. 한국의 추수감사절이 미국의 영향을 받은 것은 맞지만 반 정도는 다른 의미가 있다는 말이다.

미국 추수감사절과는 달리 한국 추수감사절의 기원은 추수와 상관이 없다. 오히려 선교의 역사와 연관이 있다.

추수감사절(AMJ)을 기념하고 있는 한국 교회.

　한국 교회가 추수감사절을 11월 셋째 주일로 지키게 된 이유는, 개신교 첫 선교사로서의 자격에 관해 논란이 있으나, 1884년 의료 선교사로서 한국에 왔던 알렌[H. N. Allen]의 입국과 관련이 있다.

　서경조 장로는 1904년 제4회 조선예수교장로회공의회에서 개신교가 조선에서 큰 부흥이 일으킨 것에 대해 감사하는 감사절을 지킬 것을 제안했다. 이것을 긍정적으로 검토한 조선예수교장로회공의회는 1904년 11월 10일을 선교 감사일로 정했다. 사실 알렌 선교사는 1884년 11월이 아닌 9월 20일 제물포에 처음 도착했는데도 말이다.

　그 후 10년이 지난 1914년 조선장로교총회에서 11월 10일이 아니라 11월 둘째 주일이 지난 후 수요일을 선교 감사일로 재지정하기로 결정했다.

11월 둘째 주일 후 수요일이었던 선교 감사일은 2단계를 거쳐 11월 셋째 주일 추수감사절로 바뀌게 되었다. 가장 먼저 선교 감사일이 추수감사일로 바뀌었다. 1921년 조선 장로회와 감리회가 연합협의회를 열어 선교 감사일을 추수감사일로 바꾸었고 한국 교회가 이것을 받아들여 전국적으로 실시했다. 그리고 대부분의 일이 주일날 이루어지기 때문에 시간이 지나면서 추수감사일은 수요일이 아닌 11월 셋째 주일로 정착하게 되었고 추수감사일도 추수감사절이 되었다. 이후 선교에 대한 감사의 의미는 점점 사라지고 추수에 대한 감사의 의미가 강조되었다.

한국의 몇몇 대형 교회를 중심으로 여러 교회들이 11월 달의 추수감사절보다는 추석 명절이 있는 주간의 주일을 '추석 감사주일' 또는 '한가위 감사주일'로 지키고 있다. 그 이유는 시기적으로 추수한 것을 감사하는 절기로 11월 셋째 주가 늦은 감이 있고, 미국 추수감사절의 전통을 따른다는 거부감이 있기 때문이다.

그러나 날짜의 문제보다 많이 아쉬운 점은 한국 기독교의 추수감사절의 전통이 단순히 한 해의 추수만을 감사하기 위함이 아니라 한국 교회의 부흥과 선교를 위한 감사였다는 사실이 퇴색되고 있고 이것을 기억하는 사람이 점차 줄어들고 있는 것이다.

33

하와와 이브

성경을 읽다 보면 많은 궁금증이 생긴다. 그중에서 익숙하지 않은 성경 인물의 이름은 누가 누구인지 헷갈릴 수밖에 없다. 하지만 아담과 하와는 믿지 않는 사람들도 대부분아는 이름이다. 너무나 잘 알려진 이름이지만 한글 성경에는 하와^{Hawwāh}와 이브^{Eve}라는 두 이름이 사용되고 있다. 경우에 따라서는 마치 창세기에 서로 다른 두 명의 여인이 살고있는 것처럼 느끼게 된다. 실제로 한국에서 가장 많이 사용되고 있는 우리말 성경인 개역개정은 아담의 아내를 '하와'라고 기록하고 있지만^{창 3:20}, 똑같은 본문에서 현대인의 성경 Korean Living Bible은 '이브'라고 쓰고 있다. 이에 반에 거의 모든 영어 성경은 아담의 아내를 '이브Eve'라고 기록하고 있다.

　결론부터 말하면 하와와 이브의 혼용은 번역상의 문제 외에 특별한 이유는 없다. 창 3:20에서 언급하고 있듯이 '하와'와 '이브' 모두 이름의 의미와 뜻에는 차이가 없고 '모든 산 자의 어머니'라는 뜻이다.

　한국 기독교가 '하와'라는 이름을 쓰게 된 이유는 우리말 성경이 구약은 히브리어 원전을, 신약은 헬라어 원전을 번역했기 때문이다. 히브리어 하와Hawwâh는 영어 'being(살아 있는 것/생명)'에 해당하는 '하이'와 여성형 어미까지 더해진 말이다. 즉 히브리어 원문의 이름은 '이브'가 아니라 '하와'이다. 그러나 히브리어 원문에 '하와'라고 되어 있기 때문에 '이브'는 틀렸다고 할 수는 없다. 왜냐하면 히브리어 성경이 헬라어 성경Septuagint, LXX으로, 헬라 성경이 라틴어 성경The Vulgate으로, 라틴어 성경이 영어 성경으로 번역되면서 발음상의 문제로 철자가 바뀌었기 때문이다. 이 과정에서 히브리어 '하와'는 헬라어 성경에서 '헤우아Eua'로 바뀌었고, 라틴어 성경으로 번역될 때 '헤바Heva'로 번역됐으며 이것을 영어로 번역할 때 지금의 '이브Eve'가 된 것이다.

　현대인의 성경이 '하와'를 '이브'로 쓰고 있는 이유는 히브리어나 헬라어를 직접 번역해서 한글로 옮긴 것이 아니라 영어 성경들 중 하나인 리빙 바이블Living Bible을 한글로 번역했

에덴 동산의 아담과 이브(조한 W. 피터 작품).

기 때문이다.

한국에서 '하와'와 '이브'가 혼용돼서 쓰이고 있는 이유는 영어 성경과 서구 기독교의 영향이라고 할 수 있는데 두 단어 중에 어떤 것의 옳고 그름을 떠나 히브리어 원문에 충실하고자 한다면 '하와'라는 말을 사용하는 것이 바람직하다.

34

수석은 선임으로

오순절날 성령이 임하고행 2:1~4 교회와 선교가 시작되었다. 방언을 비롯한 은사들이 나타났고 행 2장에 등장하는 베드로의 설교와 같은 케리그마(복음 선포) 중심적인 교회행 2는 조만간 제도화된 교회로 바뀌어 갔다. 행 6장에서 나타나듯이 사도들은 기도와 말씀 사역에 힘썼고행 6:4, 구제와 그 외의 교회 일들을 일곱 집사를 세워 처리했다. 이런 교회의 조직화는 대단히 긍정적인 효과를 불러왔고 성경은 '하나님의 말씀이 점점 왕성하여 예루살렘에 있는 제자의 수가 더 심히 많아졌다'행 6:7고 기록하고 있다.

이후 교회는 더욱 세분됐고 교회의 직책에 따른 명칭과 직

오순절 성령 강림을
표현한 장 르스투 작품.

능, 직분을 맡길 때 필요한 자격요건에 관한 내용은 바울 서신들에 잘 나타나고 있다.

교회의 직분이 급격히 세분되고 계급화된 것은 중세시대이다. 수평적인 관계를 유지했던 초대 교회의 직분들은 점차 수직적인 관계로 발전했고 본격적으로 계급화되기 시작했다. 이런 현상은 사제들 간에 두드러지게 나타났다. 종교개혁 이후 교회의 조직과 직책은 많이 간소해졌다.

그러나 가톨릭의 제도적 흔적은 개신교에도 곳곳에 남아있다. 조직화된 사회 속에 살고 있으며 제도에 익숙해 있는 터라 교회의 조직화, 세분화는 너무나 익숙하고 편리함마저 준다. 그중에는 여러 명의 목회자와 성도들이 있는 교회에서 흔히 쓰는 '수석 부목사', '수석 장로'라는 용어가 있는데 이 말이 과연 올바른 교회 용어가 될 수 있는지는 생각해 봐야한다.

수석首席이라는 말의 뜻은 '맨 윗자리'라는 뜻이다. 이것에 대한 반대 개념의 말은 말석末席이다. '수석'이라는 말 자체가 서열과 계급화를 의미한다. 동방정교회와 가톨릭교회에서는 수석사제首席司祭, 라틴어: archipresbyter라는 말을 널리 쓰고 있다.

그렇다면 과연 목회자 사이에서 혹은 교회의 같은 직책 안에서 수석이라는 말을 온당할까?

교회의 직분은 계급이 아니라 거룩한 봉사가 되어야 한다.

이것을 실천하기 위해서는 수직적인 관계가 아니라 수평적인 관계를 유지해야 한다. 직분을 결코 계급이나 서열로 인식되면 안 된다. 또한 개인의 명예가 되어서도, 교회 내에서의 특권이 돼서도 안 된다. 만약 교회의 직분을 권위나 권력으로 생각한다면 그리스도의 몸인 교회는 바로 설 수 없다. 그러므로 '수석'이라는 말 대신 선임先任이라는 말이 더 타당할 것이다. 직분의 높고 낮음을 의미하는 것이 아니라 먼저되고 나중됨을 말하는 것이다. 선임 장로라고 하면 다른 장로들보다 일찍 장로 임직을 받았다는 말이지 다른 장로들보다 높다는 의미는 아니다. 마찬가지로 수석부목사라는 말보다는 '선임 부교역자'라는 말을 쓰는 것이 옳은 표현이다.

35

◇————◇————◇

대강절, 대림절, 강림절

교회 용어는 한 단어에 기독교의 신앙과 의미를 충분히 담아내야 한다. 그렇기 때문에 다소 생소한 언어들이 탄생하게 되고 익숙하지 않아 오히려 그 의미가 전달되지 않거나 감소하는 경우가 종종 있다. 같은 의미의 말도 여러 단어로 표현하다 보면 헷갈리게 된다. 그중 하나가 대강절^{待降節}, 대림절^{待臨節}, 강림절^{降臨節}이다.

이 세 단어는 모두 표준국어대사전에도 등록되어 있고 같은 뜻이며 교회의 전통을 공유하고 있다. 굳이 구분하자면 대강절은 개신교 측에서, 대림절은 가톨릭 측에서 주로 사용하는 용어라고 할 수 있으나 많은 교회가 대강절과 대림절을 혼용해서 쓰고 있다.

대강절^{The Advent}은 '도착^{arrival}' 또는 '오다^{coming}'을 의미하는 라틴어 'Adventus'에서 유래되었으며 예수님의 탄생을 기다리는 4주간을 의미한다.

대강절의 시작은 11월 27일 이전보다 빠를 수 없고 12월 3일보다 늦을 수는 없으며 성탄절 바로 전날인 12월 24일에 끝이 난다. 유대인들의 달력이 유월절을 기점으로 시작되듯이 모든 교회력은 대강절로부터 시작된다.

4~6세기까지 대강절은 지역에 따라 3~7주 정도 다양하게 지켜졌지만, 오늘날의 대강절은 6세기 중엽 그레고리우스 1세(540~604) 때 정착되었다. 대강절을 철저하게 지켰던 동

예수님의 탄생을 기다리는 4주간을 대강절이라고 한다.

방교회는 이 기간에 그리스도의 신부고후 11:2; 계 19:7인 성도들의 결혼을 허가하지 않았으며 사제들은 결혼예식을 집례하지 않았다. 로마 가톨릭 또한 이런 전통을 공유하고 있었으며 대강절을 그 어떤 절기보다 중요하게 지켰다.

대림절과 대강절이 예수님의 탄생을 기다리는 절기라는 것을 알고 있어도 흔히 '대'자를 '클 대大'로 오해해서 예수님의 강림을 크게 기다리는 절기로 오해하고 있다. 그러나 예수님의 강림을 크게 기다리고 있다는 의미보다는 한자적 의미 그대로 아기 예수의 탄생을 고대하며 기다린다는 의미이다.

대강절의 중요한 의미는 단순히 2천여 년 전에 오신 예수의 탄생을 기념하는 것은 아니다. 대강절이 우리에게 주는

예수님의 탄생을 지켜보는 동방박사와 양치기들.

의미는 아기 예수님의 탄생을 축하하며 그날을 기념하는 것뿐만 아니라 구세주의 탄생을 기다렸던 그 마음 그대로 다시 오실 예수님의 재림을 기다리는 것이다.

성탄절이 가까워질수록 교회보다 오색찬란한 백화점과 쇼핑몰들에 사람이 몰려들고 성탄절이 마치 산타클로스의 생일인 양 변질되고 있는 이때 구세주 예수 그리스도의 탄생을 고대하며 기대하는 대강절의 의미를 다시금 되새겨 봐야 할 것이다.

36

기다림의 다섯 개의 촛불

12월은 일 년 중 가장 화려한 달이다. 거리는 화려한 불빛에 휩싸이고 백화점과 쇼핑몰은 사람들로 북적인다. 추억을 만들려는 연인들의 달이며 송년의 아쉬움과 정을 나누는 때이다.

그러나 기독교인들에게 12월은 기다림의 시간이다. 그냥 보고 지나쳐왔던 성탄절 주보나 카드에 그려져 있는 촛불은 기다림의 대강절 촛불이다. 많은 기독교인들이 대강절이 되면 강대상에 올려진 촛대를 보지만 무엇을 의미하는지 알지는 못한다. 어쩌면 무관심한 것일 수도 있다.

대강절과 성탄절을 밝히는 촛불은 총 다섯 개다. 마지막 다

섯 번째 촛불은 성탄절 당일에 점화되기 때문에 예수님의 탄생을 기다리는 대강절의 촛불은 네 개인 셈이다.

네 개의 촛불은 한 주에 하나씩 차례로 불을 밝히게 되는데 고유한 명칭과 색을 가지고 있다. 초의 색깔은 3개의 보라색, 1개의 분홍색 그리고 성탄절에 밝히게 될 흰색이다.

대강절 첫째 주에는 '소망의 촛불Candle of Hope'이라는 보라색 초를 밝힌다. 온 인류의 빛이 되신 그리스도의 탄생을 기다리며 소망하는 것이다. 둘째 주는 보라색의 '준비의 촛불Candle of Preparation'을 켜는데 그리스도의 탄생을 기다리며 회개하는 시간을 갖기 위한 것이다. 셋째 주는 그의 외아들 예수그리스도를 보내신 하나님의 사랑을 기념하는 분홍색의 '사랑의 촛불Candle of Love'을 켠다. 성탄절을 바로 앞둔 넷째 주에는 보라색의 '기쁨의 촛불Candle of Joy'을 켜게 되는데 성탄의 기쁜 소식을 의미한다. 그리고 마지막으로 성탄절 당일에는 흰색의 '그리스도의 촛불Christ Candle'을 밝히게 된다. 그리스도의 촛불은 인류를 죄에서 구원하기 위해 생명의 빛으로 오신 그리스도의 탄생을 온 세상에 알리기 위한 것이다.

12월의 분주함 속에 잊고 있었던 기다림의 촛불은 대강절이 단순히 기다리기만 하는 절기가 아니라 그리스도의 탄생을 기다리며 준비해야 할 신앙의 모습을 비춰 주는 것이다.

37

크리스마스는 성탄절로

1914년 12월, 프랑스 북부에서는 영·프 연합군과 독일군 사이의 치열한 전투가 벌어지고 있었다. 100m도 안 되는 거리에서 서로 총부리를 겨누고 있었지만 추운 전장에도 어김없이 성탄절이 다가왔다. 이때 영국의 한 병사가 백파이프로 성탄 케롤을 불기 시작했고, 독일 쪽 병사들이 따라 부르기 시작했다. 이것을 계기로 양쪽 진영은 함께 케롤을 부르기도 하고 축구 경기를 하며 1914년 12월 25일 하루 동안 휴전을 선포했다.

영화로도 만들어진 이 기적 같은 일은 '크리스마스의 휴전 Christmas Truce'로 기억되고 있다. 그러나 만약 이 전쟁이 동방정

동방박사들이 예수
의 탄생을 경배드
리고 있다.

교회 지역에서 일어났다면 다른 이야기로 기록되었을 것이다.

지구상에는 두 개의 성탄절이 존재한다. 하나는 개신교와 로마 가톨릭이 지키고 있는 12월 25일의 성탄절이고, 다른 하나는 2억 5천만 명의 동방정교회가 지키고 있는 1월 7일의 성탄절이다. 이렇게 두 개의 성탄절이 생긴 이유는 로마 가톨릭(1582년 이후)과 개신교(1752년 이후)가 그레고리력을, 동방정교회가 율리우스력을 교회력으로 쓰고 있기 때문이다. 그런데 이런 서로 다른 날짜의 성탄절보다 더 깊게 숙고해야 할 문제는 '크리스마스'라는 말이다.

크리스마스는 'Christus(그리스도)'와 'massa(모임)'라는 라틴어 합성어에서 유래되었는데 로마 가톨릭이 '그리스도 Christ'와 예배의 의미인 '마스mas'를 합쳐서 '크리스마스'를 사용하면서 시작됐다. 즉 크리스마스의 뜻은 '성탄을 기념하는 예배'라는 의미이나. 이에 반에 성탄절은 예수 그리스도의 탄생을 축하하는 절기를 말한다. 따라서 만약 '크리스마스 예배'라고 한다면 '성탄예배 예배'라는 의미가 된다. 교회의 전통과 역사로 보면, 동방과 서방의 서로 다른 교회력으로 인해 성탄절은 12월 25일 당일로 끝나지 않고 지구의 다른 편의 1월 7일까지 13일 동안 기독교의 절기가 계속되고 있다는 의미도 있다. 그러므로 '성탄예배'라는 의미의 '크리스마스'보다는 성탄절이라는 말을 사용하는 것이 옳은 표현이다.

38

❖━━━━❖⟨X⟩❖━━━━❖

영시예배, 자정예배는 송구영신예배로
말씀 뽑기는 절대 금지

한국 교회는 짧은 기독교의 역사를 가지고 있지만 그 어떤 나라도 이루지 못한 부흥과 발전을 이루었으며 한국 기독교만이 가지고 있는 신앙의 전통을 만들어 가고 있다. '새벽 예배', '주여 삼창', '통성기도' 등이 그 예이다. 송구영신예배 또한 한국 교회의 전통으로 자리매김하고 있다.

보통 한국 교회가 송구영신예배를 처음 시작한 것으로 오해하는 경향도 있으나 실제는 그렇지 않다. 1887년 12월 31일 아펜젤러 선교사가 사역을 하고 있던 벧엘교회(現, 정동제일교회)와 언더우드 선교사가 시무하던 정동교회(現, 새문안교회)가 연합해서 첫 송구영신예배를 드렸다. 그날 아펜젤러와 언더우드 선교사는 교인들과 함께 18세기부터 한 해의 마지막 날에 '언약예배Covenant Worship', '언약갱신예배Covenant Renewal Worship', '야성회Watch Night Worship' 등의 이름으로 드렸던 예배를 한국에서 처음 드린 것이다.

이후 한국 교회는 12월 31일 자정을 즈음해서 지난 한 해를 되돌아보며 회개하고 다가오는 새해를 위해 하나님과 새로운 언약을 맺는 송구영신예배를 본격적으로 시작했다.

그런데 요즘 송구영신예배를 '자정예배' 혹은 '영시예배'라고 부르는 경향이 있다. 하지만 '영시예배'나 '자정예배'는 송구영신送舊迎新의 의미를 축소시키고 예배 시간에만 초점을 맞춘 것이기 때문에 교회 용어로는 적당하지 않다. 또 언제부터인가 샤머니즘적인 요소도 슬그머니 송구영신예배에 들

송구영신예배는 지난해를 회계하고 하나님과의 새로운 언약으로 새해를 시작하기 위해 출발했다.

어와 있는데 바로 '말씀 뽑기'이다. 성도들은 마치 '신년 운세 점치기'처럼 말씀을 뽑고, 목회자들은 성도들이 혹시라도 시험에 들까 봐 31,089절의 성경 구절들 가운데서 귀에 듣기 좋은 성경 구절만 선택하는 눈 가리고 아웅하는 성경 뽑기를 하는데 이는 어떤 경우에서도 용납될 수 없는 비성경적인 것이다.

불순물을 더 많이, 더 혹독하게 제거할 때 금의 순도는 높아진다. 신앙도 마찬가지이다. 기복신앙에서 벗어나기 위해 애를 쓰고 있는 한국 교회는 기독교의 순수한 신앙을 지키기 위해 '말씀 뽑기'라는 불순물을 빨리 걷어내 버려야 할 것이다.

39

예식과 예배의 구분

예배의 가장 근본적인 구성요소는 찬송, 말씀 선포, 기도이다. 모든 예배에 봉헌이 들어가는 것은 아니며 축도와 주기도문은 예배를 마치는 기도로 선택적으로 사용된다. 광고는 성도들에게 중요한 교회의 일들을 알리기 위함도 있지만, 신학적으로는 코이노니아라는 의미에서 예배에 들어간다고 볼수 있다. '무엇을 하든지 말에나 일에나 다 주 예수의 이름으로 하라'골 3:17는 성경의 말씀을 지키기 위해 교회의 모든 의식에는 찬송과 말씀, 기도가 들어간다. 그러나 찬송, 말씀선포, 기도가 들어갔다고 예배라고 할 수는 없다. 왜냐하면 '예식禮式'과 '예배禮拜'에는 분명한 차이가 있기 때문이다. 그럼에

예배의 목적은 하나님께 영광을 돌리기 위한 것이다.

도 불구하고 예배와 예식을 구분하지 않고 불분명하게 혼용해서 쓰는 경우가 많다.

예배는 하나님께 영광을 돌리기 위한 분명한 목적이 있다. 이에 반해 예식은 말씀선포와 기도보다 예식을 통해 완성해야 하는 목적이 더 중요하다.

예배와 예식의 차이가 불분명하게 혼용되고 있는 가장 흔한 예가 결혼예식과 결혼예배, 담임목사, 장로와 제직, 교단 총회장이나 감독 등의 취임예배와 취임식이다. 기독교식으로 진행되는 결혼은 기도나 목사의 주례사 혹은 말씀보다는 결혼서약과 공포가 더 중요한 요소이다.

취임예배의 순서는 각계각층의 축하 말씀, 격려사, 꽃다발을 비롯한 선물 증정, 기념패 전달 등이 주를 이룬다. 물론 취임예배도 취임하게 된 것을 하나님께 감사하기 위한 것이라고 말할 수는 있다. 그러나 취임예배의 중심이 하나님이라고 할 수는 없다. 새로운 분의 취임을 대외적으로 알리고 취임하는 분이 축하받는 자리가 취임예배이다. 졸업예배 또한 예배의 대상이 하나님이기보다는 졸업생에게 맞춰져 있고 이것을 통해 졸업을 공식화하게 된다. 그러므로 교회의 의식 가운데 어떤 것을 '예배' 혹은 '예식'으로 할 것인지 바르게 구별하고 사용하는 지혜가 필요하다.

40

축제는 잔치로

　계절마다 지방자치단체들은 다양한 축제를 만들어 지역을 홍보하고 지역 경제를 살리는 일에 열심을 내고 있다. 우리나라에서는 전국적으로 1년에 1만 7,000~1만 8,000개의 축제가 열리고 있다. 교회도 많은 행사와 다양한 이름의 '축제'를 열고 있다.

　부흥회를 '성령축제'라고도 하며, 새신자를 위한 '새생명축제'도 많은 교회에서 진행하고 있다. 그러나 '축제祝祭'는 영어를 일본식 한자로 번역해 탄생한 단어이다.

　개화기 이후, 일본의 지식인들은 서구의 새로운 문물을 무분별하게 받아들였고, 영어를 일본어에 마구 끼워 넣었다.

일본의 제사 지냄이라는 의미를 담은 축제 대신 순우리말인 잔치를 사용해 새생명 잔치로 쓰는 것이 바람직하다.

이런 일련의 과정 가운데 서구 사회의 페스티벌[festival]을 자신들의 춤추고, 노래하고, 즐기던 지역 제사들에 접목시킨 것이 축제이다. 축제는 '축원제사[祝願祭祀]'를 줄인 일본식 한자이다. '축하하고 제사 지냄'이라는 '축제'의 한자적인 의미가 말해 주듯이, 일본의 모든 축제는 제사와 관련되어 있다. 일본의 다신교 사상의 영향으로 제사가 없으면 축제라고 말할 수 없을 정도이다.

일본의 잔재로 많은 지자체가 성공을 기원하며 먼저 제사를 지내고 축제를 시작한다. 기독교 대학을 제외한 수많은 대학들이 축제를 시작하기에 앞서 전통을 따른다며 제사를 지낸다.

오래전에 번역된 성경에서는 '축제'라는 단어를 볼 수 있지만 최근 다시 개정된 성경에서는 '축제'라는 단어를 찾아볼 수 없다. 예를 들어 '새번역'과 '공동번역'은 각각 13번, 57회 '축제'라는 단어를 쓰고 있지만 '개역한글' '개역개정' 성경에서는 사용되고 있지 않다.

축제라는 말 대신 쓸 수 있는 순수한 우리말이면서 기독교적인 의미를 충분히 담을 수 있는 용어로 '잔치'가 있다. 잔치의 사전적 의미는 '기쁜 일이 있을 때 음식을 차려 놓고 여러 사람이 모여 즐기는 일'이다. 우리말의 적극적인 사용과 비기독교적인 단어를 근절하기 위해 '축제' 대신 '잔치'라는 말의 사용이 필요하다. 교회 행사도 '성령축제'보다는 '성령잔치'로, '새생명축제'보다는 '새생명잔치'로 고쳐 쓰는 게 바람직하다.

41

하나님 말씀에 도전을 받았다,
하나님께서 도전을 주셨다

    선교단체나 대학·청년부를 통해 외국의 찬양곡이나 선교적 언어들이 우리말로 많이 번역되었다. 그러나 외국어를 우리말로 번역할 때, 가끔 어색함이나 괴리감이 생기기도 한다. 대표적인 예가 '도전挑戰'이라고 번역된 영어 단어 'challenge'이다. 대부분의 영한사전이 'challenge'를 아주 간단하게 '도전'이라고 우리말로 옮겨 놨지만 그렇게 번역했을 때 기독교적인 의미뿐만 아니라 일반적인 번역에서도 많은 오역을 양산하게 된다.

    선교단체들의 영향인지는 모르겠으나, 한국 기독교에서는 언제부터인가 젊은 층에 의해 많이 사용되기 시작한 단어가

우리는 하나님 말씀에 도전을 받았다는 표현 대신 하나님께서 주신 비전에 도전한다고 해야 할 것이다.

'도전'이다. 새로운 것에 대한 두려움을 없애고 진취적인 기상을 높이는데 '도전'이라는 말이 많이 사용된다. 선교적 언어로 사용되어 아직 복음이 전해지지 않은 선교지를 향한 열정과 영적 전쟁을 위한 단어로 사용되기도 한다. 또한 말씀을 듣고 새로운 깨달음이나 은혜받은 표현으로 사용되고 있다. 예를 들면, '오늘 하나님의 말씀에 도전을 받았다', 혹은 '하나님께서 도전을 주셨다' 등의 말이다.

그러나 도전이라는 말은 권투에서 챔피언에게 도전하는 사람을 도전자라고 하듯이 등급이나 지위가 낮은 사람이 자기보다 높은 사람과 승부를 겨뤄 우위를 가리려는 것을 말한다. 당연히 도전을 받은 사람이 도전해 오는 사람이나 사물보다 더 높은 위치에 있다.

'오늘 하나님의 말씀에 도전을 받았다'라는 말은 어떤가? 이 말은 바꾸어 말하면, 하나님의 말씀이 도전해 왔다는 말이 된다. '하나님께서 도전을 주셨다'는 말도 '하나님께서 도전하셨다'는 의미로 읽힐 수 있다. 당연히 하나님의 말씀에 도전을 받은 사람이 하나님 말씀보다 더 높은 위치에 있는 것을 의미한다. 그러므로 도전이라는 말을 쓸 때는 '하나님께서 주신 비전에 도전하겠다'라고 하든지 도전이라는 말을 빼고 '하나님의 말씀으로 각오를 새롭게 했다'라고 해야 할 것이다.

42

이중 피동: 되어지다,
예배 보러 간다

　언어의 중요한 목적 중 하나는 전달이다. 좋은 언어 습관은 전달능력을 향상시키고, 듣는 사람들이 말하고자 하는 내용에 더욱 집중할 수 있게 만든다. 좋은 언어 습관은 설교에서도 중요한 역할을 한다. 설교자가 적절하지 않은 용어를 사용하거나 어법에 맞지 않는 표현을 반복적으로 사용하면 성도들은 설교에 대한 집중력을 쉽게 잃게 된다.

　강단에서 사용되는 표현 중에 '~되어지다'와 같은 이중 피동二重被動은 불필요한 언어 습관이다. 대표적인 예로 '하나님의 은혜로 ○○○이 되어지다'와 같은 표현이 있다. '~되어지다'는 '~되다'는 피동(수동)의 의미에 '~어지다'는 피동형 어미를 중복해서 덧붙인 말로 우리말 어법과 맞지 않는다. 하지만 설교하는 분들 중에는 이미 습관이 돼 이것을 인식하지 못하고 계속 사용하는 경우가 종종 있다. 어떤 분은 '나뉘어지다(나뉘다)', '모여지다(모이다)', '믿겨지다(믿기다)', '보여지다(보이다)' 등과 같은 말을 반복해서 쓰기도 한다. 이런 우리말 어법에 맞지 않는 이중 피동의 사용은 설교에 집중할 수 없는 결과를 낳기도 한다.

기독교인이 고쳐야 할 언어 습관 중에 가장 흔한 것이 '예배보러 간다'는 말이다. '~보러 간다' 혹은 '~보다'는 말은 명사에 따라 다른 의미를 갖는다.

'시험을 본다'는 말은 '시험을 치른다'는 의미이고, '아기를 본다'는 의미는 '아기를 보살피고 지킨다'는 의미이다. '영화나 연극를 본다'는 말은 관객의 입장에서 구경한다는 의미이다. 이런 여러 다른 '~보다'는 의미 중에 '예배를 본다'는 말은 영화나 연극을 본다는 의미와 가장 비슷한 의미일 것이다. 그러나 예배는 영화나 연극을 보는 것과는 다르다. 예배는 관객의 입장에서 구경하듯 보는 것이 아니라 예배자로서 찬양과 경배를 하나님께 드리는 것이기 때문이다. 그러므로 '예배를 본다/예배 보러 간다'는 말은 '예배를 드리다/예배를 드리러 간다'는 말로 바꿔 사용해야 한다.

언어 습관을 고치는 건 쉽지 않다. 그러나 이중 피동과 같은 우리말 어법에 맞지 않는 말을 바로잡고, 교회 용어로 올바른 어휘와 표현을 사용하려는 노력을 포기할 수는 없다.

43

팩트 체크:

회심 후 '큰 자'였던 사울이
'작은 자'인 바울로

잘못된 정보는 불필요한 오해를 만들고, 수정되지 않고 많은 사람이 오랫동안 공유하게 되면 마치 사실인 것처럼 믿게 되는 오류의 늪에 빠지게 된다. 전달한 사람이 누군가에 따라 왜곡된 정보가 사실을 위협하기도 하며 그것에 대한 맹신은 더욱 깊어진다. 이런 현상은 교회 용어에서도 찾아볼 수 있다.

바울이 회심하기 전에는 '큰 자'라는 뜻의 사울이었지만, 예수님을 믿고 '작은 자'라는 뜻의 바울로 이름을 바꿨다는 말이 있다. 은혜로운 해석이기는 하지만 사실이 아니다. 이 말에는 두 가지 오류가 있다. 첫째는 바울이 예수님을 만난

사도 바울과 성 안토니오(지오반니 지롤라모 사볼도 작품).

후 그의 이름을 바꿨다는 것이며, 둘째는 '사울'이라는 이름의 뜻이 '큰 자'라는 해석이다. 일제강점기 때 우리나라 사람들이 한글과 일본식 이름을 썼던 것처럼, 로마의 지배에 있던 유대인들은 마가 요한처럼^{행 12:12} 히브리식과 헬라식 이름을 갖고 있었다. '사울'과 '바울'은 로마 시민권을 가지고 태어난 바울의 유대와 헬라식 이름이다^{행 13:9}.

바울은 예수님을 만난 후에도 한동안 유대식 이름인 사울을 썼다. 안디옥 교회에서 바나바와 사역할 때도 사울이라는 이름을 쓰고 있었고^{행 11:25~27}, 예루살렘 교회로 파송될 때와 최소한 1차 전도 여행을 시작할 때까지 사용했다^{행 13:1~3}. 그러나 1차 전도 여행 중 자신이 이방인을 위해 부르심을 받았다는 것을 확신하게 되면서 유대식 이름인 사울 대신 헬라식 이름인 바울을 본격적으로 쓰게 되었다^{행 13:13, 16}.

'사울'이라는 이름의 뜻도 '큰 자'가 아니라 '간구한 자'라는 뜻이다. 사울을 '큰 자'라고 오해하는 것은 이스라엘의 초대 왕인 사울이 모든 백성보다 어깨 위만큼 더 컸다는 말씀^{삼상 9:2}에 대한 환영幻影에서 비롯된 것이다. 따라서 어설프게 은혜롭게 포장된 해석이 아니라 성경적 사실에 근거할 때 부르심에 충실히 하고자 헬라식 이름을 선택했던 바울의 복음에 대한 열정이 제대로 전해질 수 있을 것이다.

44

창세기서, 민수기서, 룻기서, 욥기서는
창세기, 민수기, 룻기, 욥기로

일반적으로 한자^{漢字}는 중국 춘추시대에 우리나라에 유입된 것으로 추정되고 있다. 주전 108년에 고조선이 한^漢나라에게 패망한 후, 우리 고유의 언어인 한국말은 지켰으나 중국의 영향력 속에 오랜 세월 동안 한자가 문어^{文語}의 역할을 하게 되었다. 지금도 많은 문서와 언어생활에서 국한문 혼용^{國漢文混用}이 이루어지고 있다.

국한문 혼용은 종종 불필요한 중복과 의미적 반복을 만들어 내는데, 이런 현상은 '창세기서', '민수기서', '룻기서', '욥기서' 등과 같이 성경의 각 권을 일컬을 때 나타난다. 룻기는 이방 여인이었지만 시어머니인 나오미를 따라 이스라

한글 성경은 구약의 역사적인 기록에 기를, 신약의 편지 형식에는 서를 붙이고 있다.

엘 땅으로 들어와 하나님의 백성이 되었고 다윗 왕의 증조모가 된 룻^{Ruth}에 대한 기록이다. 이미 룻기^{룻記}라는 명칭이 룻에 대한 이야기임을 내포하고 있는데 거기에 또다시 '서^書'라는 말을 덧붙여 '룻기서'라고 하면 의미상 중복표현이 된다. 창세기도 천지창조에 관한 기록 혹은 이야기라는 말이다. 민수기, 신명기도 이미 기록이라는 의미가 있다. 그럼에도 예배와 성경 공부 모임에서 성경의 장 절을 성도들과 나눌 때, '창세기서, 신명기서, 민수기서 몇 장 몇 절이라'는 말을 듣게 된다.

　이런 중복표현은 '기'로 끝나는 구약성경을 지칭할 때만 나타난다. 한글 성경은 구약의 역사적인 기록에는 '기^記'를, 신약의 편지 형식의 글에는 '서^書'를 붙이고 있는데 성경 66권 가운데 '기^記'로 끝나는 성경은 모세 5경을 비롯해 구약에만 8권이 있다. '서書'로 끝나는 성경은 신약에만 21권 있는데 로마서나 고린도전/후서와 같은 서신서에만 붙이고 있다. 따라서 '민수기서'라고 한다면, '기記'와 '서書'의 불필요한 중복일 뿐만 아니라 역사적 기록과 서신서의 구분을 위해 사용된 구분을 모호하게 하는 결과를 낳게 된다. 그러므로 성경의 장 절을 말할 때 민수기서, 사사기서, 룻기서, 욥기서 등이 아니라 민수기, 사사기, 룻기, 욥기 몇 장 몇 절이라고 해 불필요한 중복을 없애야 한다.

율리우스 슈노르 폰 카롤스펠트의 〈보아스의 밭에 있는 룻〉.

45

시편 ○장 ○절은
시편 ○편 ○절로

성경 66권은 40여 명의 기록자에 의해 오랜 시간에 걸쳐 기록되었으며, 광범위한 지리적 배경 외에도 역사적, 정치적, 문화적 배경을 갖고 있다. 구약성경은 대부분 히브리어로 기록되었으며 많은 분량은 아니지만, 아람어가 사용된 부분도 있다. 신약성경은 그리스-로마 문명을 바탕으로 한 헬라어로 기록되었다. 구약의 각 권은 히브리 문학의 우수함과 독특성을 잘 보여 주고 있는데 그중에서도 시편은 단연 으뜸이라고 할 수 있다.

히브리어와 헬라어 원본에 성경의 장 절이 지금처럼 세세하게 있는 것은 아니다. 로마서나 고린도전/후서는 사도 바울이 로마와 고린도에 살던 1세기 기독교인들에게 보낸 서신서, 즉 편지글이다. 어떤 사람도 장과 절을 구분해 가며 편지를 쓰지 않듯이 헬라어 원본에는 장과 절의 구별이 없다. 그러던 것이 1551년 인쇄업자였던 스테파누스^{Robert Stephanus}가 헬라어로 된 신약성경을 출판하면서 출판의 편의를 위해 처음으로 성경의 장과 절을 붙였다.

이후 칼빈이 서문을 쓰기도 한 최초의 영어 성경인 《제네바 성경》이 출판될 때(신약: 1557년, 신구약전서: 1560년) 지금의 성경의 장 절

제네바 성경.

이 완성되었다. 히브리어로 된 구약성경 원본에는 장과 절은 없었지만, 줄을 바꿔 새로운 문단을 시작하는 '프툭하'라는 열린 문단^{open paragraph}과 한 문장이 끝나고 같은 줄에서 몇 자를 띄어 새로운 문장을 시작하는 '쓰투마'라는 닫힌 문단^{closed paragraph}으로 장과 절

제네바 성경 속표지.

시편은 산문이 아니기 때문에 장과 절로 구분되지 않는다.

의 기능을 하게 했다. 그러나 이런 기준은 시편에 적용되지
않았다. 이유는 시편은 산문이 아니기 때문이다.

　다윗 왕의 이야기는 사무엘상/하와 열왕기상의 여러 장에
걸쳐 등장한다. 그러나 시편은 150편의 서로 다른 시를 묶어
놓은 것으로서 서로 연결된 것이 아니다. 그러므로 '시편 몇
장 몇 절'이라는 말과 '시편 몇 편 몇 절'이라는 말이 혼용되
고 있는데, '시편 ○편 ○절'이라고 해야 한다.

46

뿌리 박힌 무속·토속 신앙 용어의 근절: 입신

유교와 불교의 영향은 긴 역사만큼이나 한국 사회와 문화 전반에 걸쳐 뿌리를 깊게 내리고 있다. 장례에 관한 용어는 교회에서 사용하는 말들 가운데 불교와 유교 사상을 가장 많이 담고 있다. 이런 용어들은 대부분 불교와 유교의 내세관을 여과 없이 그대로 수용한 것이다. 불교와 유교 외에도 근절해야 할 무속, 혹은 토속신앙에서 유입된 말들이 교회 용어 곳곳에서 발견된다. 그중 하나가 입신入神이라는 말이다.

표준국어대사전에 의하면, 입신의 사전적인 의미는 '신과 같은 경지에 이르다'이다. 기독교는 어떤 경우에도 '신의 경지'에 이르렀다는, 즉 지존하신 하나님의 경지에 인간이 도

우리가 무심코 쌓으며 소원하는 것도 무속, 토속 신앙의 일종이다.

달했다는 말을 허용할 수 없다.

입신이라는 말을 교회 용어로 사용할 수 없는 또 다른 이유는 기독교 신앙이 아닌 무속신앙에 근거하고 있기 때문이다.

입신이라는 말은 사전적인 의미 외에도 종교적인 의미로 재해석되어 사용되고 있다. 기독교 내에 지나치게 영적인 체험이나 성경에 기록되지 않은 은사적인 체험을 강조하는 부류가 있는데, 그들은 입신을 '영혼과 육체가 분리되는 현상'이라고 주장한다. 그러나 입신은 무속종교의 대표적인 용어로서 죽은 사람의 영혼이 무당이나 특정한 사람의 몸에 들어오는 것을 말한다. 이런 접신接神 현상을 영어로는 demon possessed(귀신에게 사로잡힘)이라고 하는데, 사람의 의지로는 헤어날 수 없고 전적으로 귀신의 통제를 받는 현상을 말한다.

성경 어디에도 영적인 체험을 입신이라는 말로 쓰고 있지 않다. 성경은 성령 체험을 '하나님의 임재'나 '하나님의 영을 부어 주신다'욜 2:28~29라고 말씀하는데, 무의식 속의 황홀경이 아니라 하나님과의 영적이고 인격적인 만남을 전제로 하고 있다.

교회 용어는 기독교 신앙과 도덕적·윤리적 가치, 내세관 등을 표현하기에 적절해야 한다. 그러므로 무의식적으로 사용하고 있는 무속·토속신앙에 근거한 용어를 근절하고 기독교 신앙에 맞는 바른 표현과 용어를 사용해야 한다.

47

사순절 재의 수요일의 '검은 십자가'와
동성애자들의 '반짝이 십자가'

지난 2019년 3월 6일, 미국 CNN 방송의 대표적인 앵커인
크리스 쿠오모^{Christopher Charles Cuomo}는 이마에 검은 십자가를
그린 채 방송을 진행했다. 그는 시청률이 가장 높은 황금 시
간^{prime time}을 진행하고 있었기에 전 세계 사람들이 그의 이마
에 그려진 검은 십자가를 보고 의아해했다. 많은 사람은 방
송사고를 의심했고 메이크업을 제대로 하지 않은 것 아닌가
하는 불편의 눈길을 보냈다. 그날 인터뷰에 나온 몇몇 사람
들의 이마에도 검은 십자가가 그려져 있었다. 이유는 그날이
사순절이 시작되는 '재의 수요일^{Ash Wednesday}'이었기 때문이다.

교회를 오래 다닌 사람도 사순절은 알지만, '재의 수요일'

은 잘 모르고 있다.

성경의 모든 절기의 기준은 유월절逾越節이다. 유월절은 유대인들이 430년의 노예 생활을 끝내고 하나님의 능력과 은혜로 출애굽을 한 것을 기념하는 절기이며, 한 해의 시작도 유월절로부터 시작된다. 사순절四旬節은 유월절이 시작하기 이전 40일을 의미하며, 유대인들은 유월절을 준비하기 위해 금식하기도 했다.

하지만 초대 교회 성도들에게 사순절은 전혀 다른 의미이다. 기독교인들에게 사순절은 유월절을 기다리기 위한 것이 아니라 유월절 어린양으로 돌아가신 그리스도의 고난에 동참하는 기간이다. 대부분의 기독교 절기가 주일이나 월요일을 기점으로 시작되지만, 사순절은 수요일부터 시작된다. 이날 종려나무 가지를 태운 재를 이마에 바르고 죄를 뉘우치고, 40일 동안 예수님의 수난을 묵상하며 기도와 금식, 참회의 시간을 보내게 된다.

그러나 동성애와 같은 성소수자를 옹호한다는 명분으로 미국 장로회PCUSA 소속의 몇몇 기독교 단체는 재의 수요일에 '반짝이는 십자가'를 이마에 긋고 사순절을 시작한다.

기독교 전통은 신앙고백과 결단을 담고 있다. 이것에 대해 잘 모른다면, 작은 누룩이 빵 전체를 부패시키듯 사탄의 계교를 막기는커녕 부지불식간에 당할 수밖에 없을 것이다.

독일 상트 폴린의 천장
프레스코화.

48

달란트 시장보다는 나눔 시장

90년대 이후 '달란트 시장'은 교회학교의 중요한 프로그램으로 등장했다. 아이들의 교회 출석, 성경 암송, 전도, 헌금 생활 등에 대한 독려와 보상 차원에서 달란트 시장만한 것이 없어 보인다.

그러나 달란트 시장에 대한 부정적인 견해 역시 기독교 내에 폭넓게 확산되고 있다. 어떤 교단에서는 교단 차원에서 달란트 시장을 금지하고 있다. 근본적인 이유는 모든 것을 돈으로 환산하고 가치를 정하는 물질만능주의와 기독교 신앙의 접목 때문이다.

과연, '교회 출석은 몇 달란트, 헌금은 몇 달란트, 성경 암

송은 몇 달란트, 전도는 몇 달란트라고 차등적으로 가치를 정하고 적용할 수 있을까?' 하는 문제에서 출발한 것이다. 또한 교회에 출석을 잘 안 했어도, 성경 말씀을 열심히 외우지 않았어도 같은 종류의 달란트를 기독교 백화점이나 인터넷에서 쉽게 구할 수 있다. 그래서 달란트 시장을 할 때, 교회의 직인이나 각 반 선생님의 사인이 들어간 것만 쓸 수 있다는 광고를 종종 하게 된다.

달란트 시장에 대해 반대의 목소리가 높아지는 것은 과연 이런 현상들이 성경적일까? 라는 강한 의문 때문이다.

성경에는 달란트 외에 세겔, 데나리온, 앗사리온, 렙돈, 므나 등 여러 종류의 화폐가 등장한다. 그중 가장 높은 단위가

교회는 모든 어린이에게 하나님의 사랑을 배우고 전하는 곳이 되어야 한다.

달란트이다.

달란트 시장은 성경에 나오는 화폐의 명칭인 '달란트'를 쓴 것 외에는 성경적인 개념을 전혀 담고 있지 않다. 그냥 시장의 원리가 적용되고 있을 뿐이다. 달란트 시장이 신앙생활에 대한 보상으로 달란트를 받고, 더 많이 가진 아이가 더 많은 물건과 음식을 사는 장소가 된다면, 그래서 새로 나온 친구나 부모님의 반대 속에서 힘들게 출석하고 있는 아이들이 소외되는 장소가 된다면 달란트 시장은 교회에 오래 다닌 아이들만의 리그가 될 것이다.

성경에서 다섯 달란트로 다섯 달란트를 더 남긴 사람이나 두 달란트로 또 다른 두 달란트를 남긴 사람에게 주어진 상급은 똑같이 '… 주인의 즐거움에 참여할지어다'마 25:21, 23였다. 그러므로 달란트 시장은 어떤 명칭과 방법으로든 신앙생활에 대한 물질적인 보상이 아니라 다른 사람과 나눌 수 있는 나눔 시장이 되어야 하며 주님의 즐거움에 참여하는 것이 되어야 한다.

49

예배의 시종을 '의탁하옵고'는
'주장하시고/인도하시고'로

한국 기독교가 짧은 시간 동안 세계기독교 역사에 남을 만한 부흥을 이룰 수 있었던 대표적인 이유는 모이기에 힘쓰는 예배와 기도일 것이다. 일주일 동안 한국 교회만큼 많은 모임과 예배가 있는 나라는 없다. 성경은 예배를 드리는 사람의 자세에 대해 '하나님은 영이시니 예배하는 자가 영과 진리로 예배할지니라'요 4:24라고 말씀한다. 우리는 온 마음을 다해 예배에 집중하고 적극적으로 참여해야 한다. 또한 성령의 임재와 인도하심을 바라는 것이 예배이다. 예배자는 예배의 구경꾼이나 주변인이 될 수 없다. 그러나 예배 가운데 흔히 듣게 되는 기도가 '예배의 시종을 의탁드리며 예수님의 이름으로 기도합니다'라는 말이다.

'의탁依託/依托'한다는 말은 '어떤 것에 몸이나 마음을 의지하여 맡김'이라는 사전적인 의미가 있다. 세상적인 방법과 수단으로 살았던 사람이 하나님의 뜻대로 살기로 결단하고 다짐하는 것은 위대한 신앙의 고백이며 결단이다. 이전에는 하나님이 없는 삶을 살았지만, 하나님의 뜻과 계획이 이루어지기를 바라며 자신의 삶을 하나님께 의탁하는 것은 지극히 성경적이다.

그러나 '예배의 시종을 하나님께 의탁하는 것'은 전혀 다른 의미이다. '의탁'이라는 말의 또 다른 의미는 자신이 해야 할 일은 다른 사람에게 맡겨서 해결한다는 것이다. 다른 사람에게 어떤 일을 맡겨 놓고 그 일에 대해 직접적인 관여를 하지 않는 것을 의미한다.

하나님은 우리의 예배를 받으시길 원하신다. 예배자는 예배의 방관자가 될 수 없다. 성령께 모두 맡기고 뒷짐을 지고 있다면 참다운 예배가 될 수 없다. 따라서 예배로부터 배제되거나 소외되어 있었다면 진정한 예배를 드렸다고 할 수 없다. 거룩한 예배를 드리기 위해 먼저 온 힘을 다하고, 인간적인 생각과 방법으로 흐르지 않도록 성령의 임재와 인도에 따라 드리는 예배가 영과 진리로 드리는 예배이다. 그러므로 '예배의 시종을 의탁해 달라'는 기도보다 '예배의 처음과 끝을 성령께서 인도해 달라'고 기도해야 할 것이다.

성령의 인도를 간구하는 것은 전적인 타자가 되어 이끌려
가는 의탁을 의미하지 않는다. 예배가 처음부터 끝까지 성령
의 임재와 은혜 가운데 마칠 수 있도록 해 달라는 기도이다.

〈성모 승천〉이 걸려 있는 엔트워프 대성당.

50

지금은 예배의 처음 시간이오니(?),
교회를 믿는다(?)

    2000년대 초부터 우리나라 기독교를 대표하는 교단들은 여러 번의 회의와 세미나 등을 통해 교회 용어 바로 쓰기 운동을 해 오고 있다. 과거에 사용했던 성경은 '가라사대'와 같은 고어古語들이 많이 있었다. 이런 고어들을 현대 표준어로 바꾸고, 잘못 번역된 것을 고쳐 성경을 개정해 왔듯이 교회 용어도 현대어로 고치고 우리말 문법에 맞추고 다듬는 일을 꾸준히 해 오고 있다.

    교회 용어 개정 작업은 크게 두 등급으로 나눌 수 있다. 신학적으로나 문법적으로 맞지 않는 용어들을 고쳐서 개정하는 것과 '사용금지'로 분류해 더는 사용하지 않도록 하는 것이다.

기도 시간에 종종 듣게 되는 '지금은 예배의 처음(첫) 시간이오니'라는 말과 가끔 대화 중에 듣게 되는 '나, 교회 믿어' 혹은 '너, 교회 믿니?'라는 말은 교회 용어로는 사용을 금지해야 한다.

'지금은 예배의 첫 시간이오니'는 보통 회중 기도 가운데 사용되던 말이다. 회중 기도는 대부분 설교 전이나 찬양대의 찬양 전에 있다. 이미 예배가 시작되었고 여러 순서가 진행된 후에 회중 기도를 하게 된다. 따라서 '지금은 예배의 첫 시간이오니, 예배의 시종을 주님께 의탁드리옵고'라고 기도

교회는 믿음의 대상이 아니다. 오직 하나님만이 믿음의 대상이 되기 때문에 교회 믿는다 대신 교회 다닌다가 올바른 표현이다.

한다면, 예배의 시작을 다시 알리는 것이 된다. 그리고 이미 지나간 순서들은 예배를 위한 준비 순서가 돼 버린다. 그러므로 회중 기도 가운데 '지금은 예배의 첫 시간이오니'라고 하는 것은 적절하지 않다. '지금은 예배의 첫 시간이오니…'라는 말 대신 '예배가 시작되었사오니…'라고 하는 것이 적절한 표현이라고 할 수 있다.

'교회 믿는다'는 말 또한 교회 용어로 적절하지 않다. 성도들 가운데도 간혹 '교회 믿는다'는 말을 사용하기도 한다. 그러나 '교회 믿는다'는 말은 '신앙생활을 한다'는 의미나 '예수님을 믿는다'는 말의 대용이 될 수 없다. 믿지 않는 사람은 잘 모르기 때문에 '너 교회 믿어?'라고 물을 수는 있다. 그러나 믿음을 갖고 신앙생활을 하는 사람이 '나 교회 믿어'라고 대답하는 것은 말 그대로 어불성설이다. 교회는 믿음의 대상이 될 수 없다. 오직 하나님만이 믿음의 대상이 되기 때문이다. 그러므로 '교회 믿는다'는 말은 '교회를 다닌다'라고 하든지 '예수님 믿는다'라고 해야 한다.

51

은혜와 은총

교회에서 가장 흔하게 듣고 쓰는 말 중에 '사랑'만큼이나 많이 듣게 되는 말이 '은혜'이다. 은혜와 비슷한 말로 가끔 듣는 말이 '은총'이다. 은혜와 은총이라는 말은 어감이 서로 비슷해 혼용되고 있지만, 사용되는 빈도수나 이 단어가 쓰이는 상황에는 차이가 있다.

한글 개역성경에는 '은혜'가 287회, '은총'이 46회 사용되고 있다. 일상에서도 은혜라는 말을 은총이라는 말보다는 훨씬 더 많이 쓰고 있다. 어떨 때는 이 상황에 '은혜'라는 말이 맞는가? 고개를 갸우뚱하기도 한다. 또한 너무 무분별하게 사용되는 건 아닌지 다시 한 번 생각하게 된다.

이에 비해, 은총이라는 말은 설교 시간에 듣기는 하지만 성도들 사이에서 많이 쓰이지는 않는다. 예배가 끝나고 목사님과 인사할 때도 '은혜 많이 받았습니다'라고 하지 '은총 받았습니다'라고는 하지 않는다.

그 이유는 두 단어가 가진 단어의 뜻보다는 신학적인 의미가 다르기 때문이다. 구약성경에서 '은혜/은총'에 해당하는 말은 헤세드chesed, 라하밈rahamim, 헨chen이다. 의미는 '고통받는 자에게 베푸는 사랑', '언약적 사랑' 또는 '과분한 호의' 등에 해당하다. 헬라어로는 '카리스charis'이며, '선물', '은사', '사람을 끄는 매력 또는 아름다움'이라는 의미가 있다.

'은혜'와 '은총'의 사전적인 뜻은 같음에도 문맥에서 사용된 의미가 달라서 신학적인 차이가 발생하게 되는 것이다.

은혜는 '하나님과 사람의 관계'뿐만 아니라 '인간과 인간 관계'에서도 사용되고 있다. 예를 들면, 눅 6:35의 후반부는 '은혜를 모르는 자와 악한 자에도 인자하시니라'고 말씀하고 있다. '은혜를 모르는 자'는 하나님의 은혜를 모르는 것이 아니라 사람 사이에서 은혜를 모르는 사람을 말하는 것이다. 하지만 은총은 '나와 주의 백성이 주의 목전에 은총 입은 줄을 무엇으로 알리이까'출 33:16와 같이 사람과의 관계가 아니라 하나님과의 관계에서 사용된다.

은총과 은혜를 신학적으로 구분한다면, '은총'은 이 세상과 인류를 위한 하나님의 뜻과 선물이며 그것을 깨닫는 것이 인간의 관점에서 '은혜'라고 할 수 있다. 그래서 설교 말씀을 듣고 은혜받았다는 말을 쓸 수 있는 것이다. 흔히 쓰고 있지만 그 의미와 뜻을 모른다면 죽은 언어와 다름이 없을 것이다.

베르사유 궁정 안에 있는 예배실.

52

종려주일와 고난주간

유대인들은 '너는 매년 세 번 내게 절기를 지킬지니라…무교병의 절기(유월절)… 맥추절(칠칠절)… 수장절(초막절)을 지키라…'출 23:14~17는 말씀에 따라 3대 절기를 지키고 있다. 여기에 새해를 기념하는 나팔절민 29:1, 레 23:23~25과 이스라엘 민족의 죄를 속죄하는 속죄일레 23:26~32, 포로기 이후부터 지키기 시작한 부림절이 추가된다. 부림절은 모세오경에서 명시된 절기는 아니지만, 유대인들이 말살될 위기에서 벗어난 것에 9:17~28을 기념하기에 유대인들에게 매우 중요한 절기이다.

기독교의 절기는 성탄절과 성탄절이 지나고 1월 6일부터 8주

예수님이 당나귀를 타고 십자가의 대속 사역을 감당하기 위해
오시는 모습을 표현한 스테인드글라스.

동안 이어지는 현현절epiphany,
재의 수요일Ash Wednesday로 시작
하는 사순절, 부활절, 성령강
림절, 오순절, 추수감사절, 종
교 개혁 주일 등이 있다.

개신교의 절기 중 가장 어정쩡하게 넘어가는 절기가 종려
주일Palm Sunday이다. 종려주일은 예수님께서 십자가의 대속의
사역을 감당하기 위해 예루살렘으로 입성하신 것을 기념하
는 주일이다. 사람들은 '호산나 찬송하리로다 주의 이름으로
오시는 이 곧 이스라엘의 왕이시여'라고 환영했고 이 사건
은 사복음서 모두에 기록되어 있다마 21:1~11, 막 11:1~11, 눅 19:28~38,
요 12:12~19. 요한복음은 사람들이 '종려나무' 가지를 흔들며 예
수님을 맞이했다고 기록하고 있다요 12:13. 한글 성경에는 종
려나무로 번역됐지만 실제로는 대추야자 나무이다. 종려나
무로 번역된 이유는 중국에서 자라는 '당종려 나무'의 이름
을 차용해 번역했기 때문으로 보고 있다.

종려주일과 고난주간의 경계가 모호한 것은 서로 다른 교
회의 전통 때문이다.

동·서로마 교회는 종려주일을 고난주간에 포함시켜 종려
주일부터 고난주간이 시작된다. 하지만 그리스정교회는 종
려주일과 고난주간을 분리해서 종려주일이 지난 월요일부터

십자가를 짊어지신 예수님.

고난주간으로 지키고 있다. 한국 교회 또한, 이런 종려주일
과 고난주간의 모호함 속에 있다. 종려주일과 고난주간의 보
다 명확한 경계는 종려주일에 대한 의미와 중요성을 부각하
는 요소가 될 것이다.

이미지 저작권